BEI GRIN MACHT SICH IHR
WISSEN BEZAHLT

- Wir veröffentlichen Ihre Hausarbeit,
  Bachelor- und Masterarbeit

- Ihr eigenes eBook und Buch -
  weltweit in allen wichtigen Shops

- Verdienen Sie an jedem Verkauf

Jetzt bei www.GRIN.com hochladen
und kostenlos publizieren

Jens Henschel, B. Jubisch

Software zur Berechnung von ausgewählten Formeln in der Betriebswirtschaftslehre

GRIN Verlag

Bibliografische Information der Deutschen Nationalbibliothek:

Die Deutsche Bibliothek verzeichnet diese Publikation in der Deutschen National-
bibliografie; detaillierte bibliografische Daten sind im Internet über http://dnb.d-
nb.de/ abrufbar.

Dieses Werk sowie alle darin enthaltenen einzelnen Beiträge und Abbildungen
sind urheberrechtlich geschützt. Jede Verwertung, die nicht ausdrücklich vom
Urheberrechtsschutz zugelassen ist, bedarf der vorherigen Zustimmung des Verla-
ges. Das gilt insbesondere für Vervielfältigungen, Bearbeitungen, Übersetzungen,
Mikroverfilmungen, Auswertungen durch Datenbanken und für die Einspeicherung
und Verarbeitung in elektronische Systeme. Alle Rechte, auch die des auszugsweisen
Nachdrucks, der fotomechanischen Wiedergabe (einschließlich Mikrokopie) sowie
der Auswertung durch Datenbanken oder ähnliche Einrichtungen, vorbehalten.

Impressum:

Copyright © 1996 GRIN Verlag GmbH
Druck und Bindung: Books on Demand GmbH, Norderstedt Germany
ISBN: 978-3-638-70552-3

Dieses Buch bei GRIN:

http://www.grin.com/de/e-book/38093/software-zur-berechnung-von-ausgewaehl-
ten-formeln-in-der-betriebswirtschaftslehre

GRIN - Your knowledge has value

Der GRIN Verlag publiziert seit 1998 wissenschaftliche Arbeiten von Studenten, Hochschullehrern und anderen Akademikern als eBook und gedrucktes Buch. Die Verlagswebsite www.grin.com ist die ideale Plattform zur Veröffentlichung von Hausarbeiten, Abschlussarbeiten, wissenschaftlichen Aufsätzen, Dissertationen und Fachbüchern.

Besuchen Sie uns im Internet:

http://www.grin.com/

http://www.facebook.com/grincom

http://www.twitter.com/grin_com

Lehrgebiet

Datenverarbeitung

Programmdokumentation

Thema: Software zur Berechnung von ausgewählten Formeln in
                der Betriebswirtschaftslehre mit Hilfesystem und Möglichkeit
                des Druckens der Ergebnisse

Autoren: Jens Henschel
                Bernd Jubisch

Version: 1.0

Inhaltsverzeichnis

1	**Vorbemerkung**	**1**
2	**Programmkenndaten**	**2**
3	**Fachliche Problemanalyse**	**4**
3.1	Kapitalrentabilität	4
3.2	Optimale Bestellmenge	5
3.3	Einstandspreis	5
3.4	Lagerwirtschaftliche Kennzahlen	6
3.5	Zinsberechnungen	7
3.6	Kapitalberechnungen	8
4	**Entwicklerdokumentation**	**11**
4.1	Unit fhllogo	11
4.2	Unit graph	11
4.3	Units dos, crt, printer	11
4.4	Units app, drivers, views, objects, dialogs, memory, menus, xobjects, xdialogs, colorpal	11
4.5	Unit oop2proc	12
4.6	Procedure fhl	12
4.7	Procedure drucken	12
4.8	Procedure string2real	12
4.9	Procedure real2string	13
4.10	Procedure Datei_Dosshell	13
4.11	Procedure Datei_ueberbwl_1	13
4.12	Proceduren Rechnen...	13
4.13	Procedure anleitung	13
4.14	Proceduren Kapitalrentabilitaet, LWKennzahlen, Skontoberechnung, Wechselgeschaeft, Zinsberechnung und Kapitalberechnung	14
4.15	Procedure Farben_Farbpalette	14
4.16	Procedure Hauptprogramm	14
5	**Struktogramme**	**15**
5.1	Hauptprogramm	15
5.2	Formelberechnung	16
6	**Anwenderdokumentation**	**17**
6.1	Einführung	17
6.2	Menüleiste	17
6.3	Statusleiste	19
6.4	Drucken	19
7	**Dateien**	**21**
8	**Literaturverzeichnis**	**22**
9	**Quelltexte**	**23**

1 Vorbemerkung

Dieses Programm wurde im Rahmen des Lehrgebietes Datenverarbeitung als Belegarbeit angefertigt. Wir hatten die Aufgabe eine Anwendungssoftware zur Berechnung von betriebswirtschaftlichen Formeln zu entwickeln. Der Aufbau des Programmes ist übersichtlich und aufgrund der Bedienung über Maus und Tastatur einfach zu handhaben.

Fähigkeiten des Programmes:

Mit dem Programm BWL 1.0 ist es möglich, verschiedene Aufgabenstellungen in der Betriebswirtschaftslehre rechnerisch zu lösen. Eine umfangreiche Online-Hilfe erleichtert dem Anwender die Bedienung des Programmes. Errechnete sowie die dazugehörigen Eingabewerte können auf Wunsch mit jedem beliebigen Drucker ausgegeben werden. Die Programmoberfläche setzt sich aus Statusleiste, Menüleiste und deren Pull-Down-Menüs zusammen. Die Steuerung kann über Maus oder Tastatur vorgenommen werden.

Auf diesem Wege möchten wir unserem fachlichen Betreuer Herrn Prof. Dr. D. Bormann für seine fachlich kompetente Hilfe danken. Ebenfalls bedanken wir uns bei Herrn Dipl. Mathematiker W. Kösser und bei den Laboringenieuren des Fachbereiches Informatik der Fachhochschule der Deutschen Telekom AG Leipzig.

2 Programmkenndaten

Programmname:	BWL 1.0
Dateien:	install.bat
	bwl.bat
	bwl_1.exe
	bwl_1.hlp
Autoren:	Jens Henschel
	Bernd Jubisch
Betreuer:	Herr Prof. Dr. Dieter Bormann
Betriebssystem:	MS-Dos 3.3 und höher
	(auch Windows 95)
Rechnertyp und Konfiguration:	IBM PC oder kompatibler
	RAM mindestens 640 kB
	Standard-Tastatur
	mindestens CGA-Grafikkarte
	Drucker
Programmiersprache:	Borland-Pascal 7.0
Programmaufruf:	bwl.bat oder Eingabe „BWL_1" im entsprechenden Verzeichnis
Aufgabenstellung:	Anwendersoftware zum rechnerischen Lösen von Aufgabenstellungen der Betriebswirtschaftlehre

Einsatzgebiete:	Lehrgebiet Betriebswirtschaft der FHL
Testergebnis:	keine Fehler während des Testlaufs

4

3 Fachliche Problemanalyse

Das Ziel der Programmentwicklung war es, eine rechnergestützte Software zur rechnerischen Lösung von Aufgabenstellungen der Betriebswirtschaftslehre zu erstellen.

3.1 Kapitalrentabilität

Sie stellt die Relation des Gewinns zu verschiedenen Größen dar. Die Kapitalrentabilität dient zur Feststellung, inwieweit die angestrebte Wirtschaftlichkeit (Erfolgsziel) erreicht wurde.

3.1.1 Gesamtkapitalrentabilität

$$GKR = \frac{BG}{GK} \times 100$$

$GKR...Gesamtkapitalrentabilität\ (in\ \%)$
$BG.....Bruttogewinn$
$GK.....Gesamtkapital$

Bei der Gesamtkapitalrentabilität werden neben dem Bruttogewinn auch die Zinsen mit in die Rechnung einbezogen. Über die Gesamtkapitalrentabilität wird festgestellt, wie rentabel der Betrieb arbeitet, unabhängig von der Zusammensetzung des gesamten Kapitals. Dagegen ist bei konstantem Gesamtkapital je nach Anteil des Eigen- und Fremdkapitals die Eigenkapitalrentabilität verschieden hoch.

3.1.2 Eigenkapitalrentabilität

$$EKR = \frac{BG - FKZ}{EK} \times 100$$

$EKR...Eigenkapitalrentabilität\ (in\ \%)$
$BG.....Bruttogewinn$
$FKZ...Fremdkapitalzinsen$
$GK.....Eigenkapital$

Sie gibt darüber Auskunft, wie sich das eingesetzte Eigenkapital des Eigentümers im Betrieb rentiert. Da dem Eigentümer keine feste Verzinsung für sein zur Verfügung gestelltes Kapital zusteht, stellt der Gewinn eine variable Verzinsung des

Eigenkapitals dar. Der Eigentümer erwartet, daß der Betrieb ihm mindestens soviel an Gewinn abwirft, wie er auch als Fremdkapitalgeber an Zinsen bekäme, wenn er das Geld risikolos verleihen und nicht im Betrieb investieren würde.

3.2 Optimale Bestellmenge

$$m_{Opt} = \sqrt{\frac{2 \times B \times K_f}{p \times (ZS + LKS)}}$$

m_{Opt}....optimale Bestellmenge

B........Jahresbedarf

K_f......bestellfixe Kosten

p........Einstandspreis

ZS......Zinssatz

LKS....Lagerkostensatz

Ziel dieses Rechenverfahrens ist es, diejenige Menge festzustellen, bei der die rechnerisch einbezogenen Einkaufs- und Lagerkosten als bestellmengenabhängige Gesamtkosten ein Minimum bilden. Diejenige Bestellmenge ist optimal, deren Summe aus den Kosten der Lagerung und der Bestellung insgesamt für den Bedarf bzw. pro Stück am niedrigsten sind.

Zur Ermittlung einer Richtgröße bietet die Grundformel für die Praxis eine brauchbare Hilfe, zumal das praxisrelevante Kostenminimum in einem gewissen Toleranzbereich liegt, wo es kaum Kostenunterschiede gibt.

3.3 Einstandspreis

$$EP = AP + MMZ - MR - RuB + FTV + IK - SK + FK$$

EP......Einstandspreis

AP.....Angebotspreis

MMZ..Mindermengenzuschlag

MR.....Mengenrabatt

RuB....sonstige Rabatte und Boni

FTV...Fracht-, Transport-, Versicherungskosten

IK......interne Kosten der Wareneingangsprüfung

SK.....Skonto

FK.....Finanzierungskosten

Der Einstandspreis ist der um die sogenannten Preisnebenbedingungen und die unmittelbar bezugsbedingten Aufwendungen bereinigte Angebots- oder Listenpreis. Er bildet die Grundlage der direkten Materialkosten. Diese ergeben sich aus der Multiplikation von Einstandspreis pro Mengeneinheit mit beschaffter Menge.

3.4 Lagerwirtschaftliche Kennzahlen

Sie setzen sich aus der Umschlagszahl, der Umschlagszeit und der Vorratsintensität zusammen.

3.4.1 Umschlagszahl

$$UZ = \frac{K_p}{Um}$$

$UZ....Umschlagszahl$

$K_p....Selbstkosten\ der\ abgesetzten\ Produktionsmenge$

$Um....Umlaufmittelbestand$

Die Umschlagszahl wird aus dem Verhältnis zwischen den Selbstkosten der abgesetzten Produktionsmenge und dem Umlaufmittelbestand errechnet.

3.4.2 Umschlagszeit

$$t_U = \frac{360}{Uz}$$

$t_U....Umschlagszeit$

$Uz....Umschlagszahl$

Wenn man 360 durch die Umschlagszahl dividiert, dann erhält man als Ergebnis die Umschlagszeit. Die Umschlagszeit wird in Tagen errechnet.

3.4.3 Vorratsintensität

$$V_i = \frac{\emptyset V_r}{Q_p}$$

$V_i......Vorratsintensität$

$\emptyset V_r...durchschnittlicher\ Lagervorrat\ (in\ DM)$

$Q_p.....Produktionsmenge\ einer\ Periode\ (in DM)$

Sie ist das Verhältnis zwischen dem durchschnittlichen Lagervorrat in DM und der Produktionsmenge einer Periode in DM.

3.5 Zinsberechnungen

Die Zinsberechnungen umfassen zum einen die Skontoberechnungen und zum anderen die Wechselberechnungen.

3.5.1 Skontoberechnungen

Skonto ist ein produktionsunabhängiger Preisnachlaß, der, häufig zeitlich gestaffelt, für vorzeitiges bzw. schnelles Zahlen gewährt wird.

3.5.1.1 eff. Jahreszins I+II+III

I $$EJ = \frac{s \times 360}{ZZ - SF}$$

EJ .... effektiver Jahreszins
s .... Skontosatz
ZZ ..... Zahlungsziel
SF ..... Skontofrist

II $$EJ = \frac{s}{1 - s} \times \frac{360}{ZZ - SF}$$

EJ .... effektiver Jahreszins
s .... Skontosatz
ZZ ..... Zahlungsziel
SF ..... Skontofrist

III $$EJ = \left(1 + \frac{s}{1 - s}\right)^{\frac{360}{ZZ - SF}} - 1$$

EJ .... effektiver Jahreszins
s .... Skontosatz
ZZ ..... Zahlungsziel
SF ..... Skontofrist

Bei allen drei Berechnungsarten sind der Skontosatz in Prozent, das Zahlungsziel und die Skontofrist einzugeben.

3.5.2 Wechselberechnungen

Der Wechsel ist ein Wertpapier mit der Anweisung, eine bestimmte Geldsumme zu zahlen, wobei anzugeben ist, wer zahlen soll, ferner die Verfallzeit, Zahlungsort, Tag und Ort der Ausstellung, den Namen dessen, an den zu zahlen ist sowie Unterschrift des Ausstellers. Dem Wechsel liegt meistens ein Kauf oder Darlehen zugrunde.

3.5.2.1 Nominalzins

$$r(nom) = \frac{DB + DS}{WB - (DB + DS)} \times \frac{365}{90}$$

$r(nom)..nominaler\ Jahreszins$

$DB.......Diskontbetrag$

$DS.......Diskontspesen$

$WB......Wechselbetrag$

Der Nominalzins ist im Gegensatz zum Realzins, der Zins ohne Bezug zur güterwirtschaftlichen Seite, also ohne Preisbereinigung. Insbesondere ist er aber der Zinsertrag in Prozent des Nennwertes bei Wertpapieren. Zusammen mit dem Kurs des Papieres bestimmt er den Effektivzins (effektiver Zins).

3.5.2.2 eff. Jahreszins

$$r(eff) = \left(1 + \frac{r(nom)}{4}\right)^4 - 1$$

$r(eff).....effektiver\ Jahreszins$

$r(nom)...nominaler\ Jahreszins$

Der effektive Jahrszins ist im Gegensatz zum Nominalzins der tatsächliche Zins. Er verhält sich reziprok zum zur Zeit aktuellen Kurs. In der Keynesianischen Theorie gibt er die Opportunitätskosten der Geldhaltung an.

3.6 Kapitalberechnungen

Die Kapitalberechnungen dienen der Berechnung von Zahlungsreihen (Ratenzahlungen), Zahlungsbeträgen nach n Jahren und jetzt fälligen Zahlungsbeträgen.

3.6.1 Zahlungsbetrag nach n Jahren I+II

I $\quad K_n = K_0 \times (1 + i)^n$

K_n ..... Zahlungsbetrag nach n Jahren

K_0 ..... jetzt fälliger Zahlungsbetrag

II $\quad K_n = g \times \dfrac{(1 + i)^n - 1}{i}$

g ...... Ratenzahlungsbetrag

i .... Zinssatz

n .... Anzahl der Jahre

Der Zahlungsbetrag nach n Jahren I errechnet sich aus einem jetzt fälligen Zahlungsbetrag.
Der Zahlungsbetrag nach n Jahren II errechnet sich aus einem Ratenzahlungsbetrag.

3.6.2 jetzt fälliger Zahlungsbetrag I+II

I $\quad K_0 = K_n \times (1 + i)^{-n}$

K_n ..... Zahlungsbetrag nach n Jahren

K_0 ..... jetzt fälliger Zahlungsbetrag

II $\quad K_0 = g \times \dfrac{(1 + i)^n - 1}{i \times (1 + i)^n}$

g ...... Ratenzahlungsbetrag

i .... Zinssatz

n .... Anzahl der Jahre

Der jetzt fällige Zahlungsbetrag I errechnet sich aus einem Zahlungsbetrag nach n Jahren.
Der jetzt fällige Zahlungsbetrag II errechnet sich aus einer künftigen Zahlungsreihe.

3.6.3 Ratenzahlungsbetrag I+II

I $\quad g = K_0 \times \dfrac{i \times (1 + i)^n}{(1 + i)^n - 1}$

K_n ..... Zahlungsbetrag nach n Jahren

K_0 ..... jetzt fälliger Zahlungsbetrag

II $\quad g = K_n \times \dfrac{i}{(1 + i)^n - 1}$

g ...... Ratenzahlungsbetrag

i .... Zinssatz

n .... Anzahl der Jahre

Der Ratenzahlungsbetrag I errechnet sich aus einem jetzt fälligen Zahlungsbetrag.
Der Ratenzahlungsbetrag II errechnet sich aus einem Zahlungsbetrag nach n Jahren.

Hier kann man sich zusätzlich entscheiden, ob das Ergebnis als Jahresrate oder als Monatsrate berechnet und ausgegeben werden soll.

4 Entwicklerdokumentation

4.1 Unit fhllogo

Die Unit fhllogo dient zum Aufbau des Hochschullogos, wurde uns von der Fachhochschule der Deutschen Telekom AG zur Verfügung gestellt und enthält den Namen des Programmes, die Namen der Autoren sowie Grafikoptionen.

4.2 Unit graph

Die Unit graph enthält alle wichtigen Befehle zur Darstellung des fhllogos im Grafikmodus.

4.3 Units dos, crt, printer

Diese Standardunits gehören zu den Grundanwendungen von Borland-Pascal 7.0.

4.4 Units app, drivers, views, objects, dialogs, memory, menus, xobjects, xdialog, colorpal

Bei der Benutzung von Turbo-Vision wird auf diese Units zurückgegriffen.

app:	- wichtige Klassen für OOP
drivers:	- Treiber für Maus und Tastatur
	- Verwaltung von Systemfehlern
views:	- enthält Grundlagen für die Arbeit mit allen Objekten, die auf dem Bildschirm sichtbar werden sollen. (Fenster, Menüs usw.)
objects:	- stellt alle grundlegenden Klassen zur Verfügung
dialogs:	- für die Arbeit mit Dialogen
memory:	- Speicherverwaltung von Turbo-Vision
menus:	- für die Programmierung mit Menüs

xobjects:	- stellt erweiterte Klassen zur Verfügung
xdialogs:	- enthält vorgefertigte Dialoge
colorpal:	- enthält Farbpalette sowie Optionen zur Farbeinstellung

4.5 Unit oop2proc

Die Hauptaufgabe dieser Unit besteht in der Umwandlung aus der objektorientierten Programmierung in die prozedurale bzw. strukturierte Programmierung. Damit wird die Turbo-Vision-Programmierung wesentlich vereinfacht. Oop2proc verfügt über ein eingebautes Hilfesystem, welches mit der Angabe einer Hilfedatei initialisiert werden muß. Die unter 4.4 aufgeführten Units werden durch oop2proc genutzt.

4.6 Procedure fhl

In dieser Procedure werden der Titel der Software, die Namen der Mitarbeiter und der Name des Betreuers in die Grafik des Hochschullogos der deutschen Telekom AG eingebunden.

4.7 Procedure drucken

Hier wird das Popupfenster zum Drucken der Ergebnisse aufgerufen, wenn sich der Anwender zum Ausdrucken entschieden hat.

4.8 Procedure string2real

Diese Procedure dient der Umwandlung der Variablen vom Stringtyp in den Realtyp mit Komma- und Fehlerauswertung. Weiterhin ist sie für die Umwandlung von Kommas in Dezimalpunkte und der Fehlerbehebung im String zuständig.

4.9 Procedure real2string

In der Procedure real2string werden, wie der Name schon sagt, die Ergebnisvariablen vom Typ real wieder in den Stringtyp konvertiert. Weiterhin sorgt sie für die Rundung der Ergebnisse auf zwei Stellen hinter dem Komma.

4.10 Procedure Datei_Dosshell

Sie ruft die Procedure godos auf, die in der Unit oop2proc enthalten ist.

4.11 Procedure Datei_Ueberbwl1

Das Einfügen von Entwickler- und Programminformationen in ein Popupfenster findet hier statt.

4.12 Proceduren Rechnen_...

Die nächsten 18 Proceduren mit der Vorbezeichnung Rechnen_... dienen der Erstellung der Fenster zur Eingabe der für die Formeln notwendigen Werte und deren Berechnung. Sie enthalten die betriebswirtschaftlichen Rechenformeln, Befehle bei einer möglichen fehlerhaften Eingabe und die wichtigen Anweisungen zum Ausdrucken der Ergebnisse zusammen mit den Eingabewerten.

4.13 Procedure anleitung

Mit Hilfe dieser Procedure wird ein Fenster erstellt, das alle wichtigen Steuertasten und deren kurze Erklärung auflistet.

4.14 Proceduren Kapitalrentabilitaet, LWKennzahlen, Skontoberechnung, Wechselgeschaeft, Zinsberechnung und Kapitalberechnung

Diese 6 Proceduren dienen dem Aufbau von sogenannten Listboxen als Untermenüs zur Auswahl der bestimmten Berechnungsformeln. Sie rufen dann die gewünschte Procedure für die Berechnung der gewählten Formel auf.

4.15 Procedure Farben_Farbpalette

Sie dient der Initialisierung und Veränderung unterschiedlicher Farbeinstellungen, sowie der Akivierung von Symbolen.

4.16 Hauptprogramm

Es ruft das Hochschullogo beim Programmstart auf. Wird eine Taste gedrückt, so wird der Bildschirm gelöscht, der Grafikmodus verlassen und die gesamte Turbo Vision Oberfläche aufgebaut. Außerdem ist das Hauptprogramm für die Definition und Einbindung der Datei BWL_1.hlp zuständig, in der sich die gesamte Online-Hilfe befindet.

5 Struktogramme

5.1 Hauptprogramm

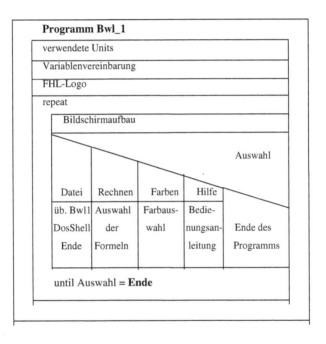

5.2 Struktogramm für Formelberechnung

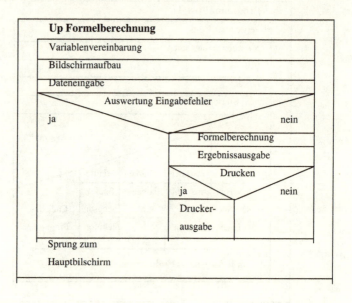

6 Anwenderdokumentation

6.1 Einführung

Das mit Borland Pascal 7.0 erstellte Programm dient der schnellen und komfortablen Errechnung von wichtigen Formeln in der Betriebswirtschaftslehre. Die Programmoberfläche besteht aus einem Aktionsbildschirm, auf dem sich oben die Menüleiste und unten die Statusleiste befinden.

6.2 Menüleiste

Auf der Menüleiste befinden sich die Hauptmenüpunkte „Datei", „Rechnen", „Farben", „Hilfe" und „Ende". Durch Betätigen der rot hervorgehobenen Buchstaben in Verbindung mit der Taste [Alt], öffnet man sogenannte Pull-Down-Menüs, in denen man eine größere Anzahl von Funktionen des Programmes aufrufen kann.

6.2.1 „Datei"

Im Menüpunkt „Datei" sind die Unterpunkte „über BWL_1", „DOS.Shell" und „Ende BWL_1" enthalten. Man aktiviert sie, in dem man die rot hervorgehobenen Buchstaben betätigt. Natürlich kann man die Unterpunkte auch mit der Maus durch Anklicken öffnen.

6.2.1.1 „über BWL_1"

Bei Aktivieren dieses Menüpunktes wird ein Fenster mit einigen Informationen über das Programm geöffnet. Beendet wird dieses Kurzinfo-Fenster wieder mit der Taste [ESC].

6.2.1.2 „DOS-Shell"

Hier kann das Programm vorübergehend beendet werden, um im DOS arbeiten zu können. Mit dem Befehl [EXIT] gelangt man wieder ins Programm zurück.

6.2.1.3 „Ende BWL_1"

Wenn man diesen Menüpunkt aktiviert, so wird das Programm beendet.

6.2.2 „Rechnen"

Dieser Menüpunkt enthält die eigentlich wichtigsten Funktionen dieses Programmes. Betätigt man die Taste [R] in Verbindung mit [Alt], so öffnet sich ein Untermenü, in dem sich sämtliche Berechnungsmöglichkeiten befinden. Man drückt die rot hervorgehobenen Taste der gewählten Berechnung und es öffnet sich entweder ein weiteres Untermenü oder das Fenster der einzugebenden Werte. Zurück auf den Hauptbildschirm galangt man wieder durch Drücken der Taste [ESC]. Im Punkt 3 dieser Dokumentation werden sämtliche Berechnungen beschrieben und fachliche Probleme geklärt.

6.2.3 „Farben"

Durch Betätigen der Taste [F] in Verbindung mit der Taste [Alt] öffnet sich ein Fenster, mit dem man verschiedene Farbänderungen vornehmen kann.

Hat man zum Beispiel nur ein Notebook mit S/W-Display zur Verfügung, so kann man zum besseren Arbeiten mit dem Programm die Farben daraufhin ändern. Einfach mit den Pfeiltasten die gewünschte Einstellung auswählen und dann [Return] betätigen. Das Farbauswahlfenster wird einfach durch Betätigen der Taste [ESC] geschlossen.

6.2.4 „Hilfe"

Wenn man diesen Menüpunkt aktiviert, erscheint ein Pull-Down-Menü mit dem Eintrag „Bedienungsanleitung". Drückt man die Taste [D] wird ein Hilfefenster geöffnet, in dem sämtliche Tasten bzw. Tastenkombinationen mit einer kurzen

Erklärung aufgelistet sind. Man beendet die Bedienungsanleitung mit der Taste [ESC].

6.2.5 „Ende"

Mit der Tastenkombination [Alt-E] wird das Programm verlassen.

6.3 „Statusleiste"

Die Statusleiste dient vor allem dem schnellen Aktivieren wichtiger Funktionen des Programmes. Auf ihr sind die folgenden Punkte „[F10] Menü", „[F1] Hilfe" und „[Alt-X] Ende" immer sichtbar. Sie brauchen nur mit der Maus angeklickt zu werden. Oder man aktiviert sie einfach durch Betätigen der roten Tasten.

6.3.1 „[F10] Menü"

Wenn man die Funktionstaste [F10] betätigt, so wird die Menüleiste aktiviert. Man kann sich nun mit den Pfeiltasten einen Menüpunkt aussuchen und [Return] drücken. Mit der Taste [ESC] wird die Menüleiste wieder deaktiviert.

6.3.2 „[F1] Hilfe"

Durch Drücken von [F1] erscheint ein Fenster mit der allgemeinen Hilfe. Hat man vorher [F10] gedrückt, um die Menüleiste zu aktivieren, kann man auch hier [F1] betätigen. Man erhält dann eine spezielle Hilfe für den gerade gewählten Menüpunkt. Verlassen kann man jedes Hilfefenster sofort mit der Taste [ESC].

6.3.3 „[Alt-X] Ende"

Mit [Alt-X] kann man das Programm auch beenden.

6.4 „Drucken der Ergebnisse"

Hat man bei einer Berechnung das Ergebnisfenster geöffnet, so wird man nach

Betätigen von [Return] in einem nächsten Auswahlfenster gefragt, ob man das Ergebnis Drücken lassen möchte. Entscheidet man sich dafür, dann muß nur noch die Taste [J] für Ja gedrückt werden. Das Ergebnis wird dann zusammen mit den Eingabewerten ausgedruckt. Es ist jetzt ein Fenster zur Bestätigung des Druckens geöffnet worden, das man mit der Taste [ESC] wieder schließen kann und dadurch wieder zurück zum Hauptbildschirm gelangt.

7 Dateien

Da das Programm eine gewisse Anzahl von Dateien benötigt, haben wir eine
Übersicht über die vom Programm verwendeten Dateien erarbeitet.

Install.bat   - Installationsprogramm

                                    (richtet Verzeichnis BWL auf Festplatte

                                    C ein und kopiert alle notwendigen

                                    Dateien hinein)

bwl.bat   - Startdateien sowie Hauptprogramm

bwl_1.exe

bwl_1.hlp   - Daten der Online-Hilfe des

                                    Hauptprogrammes

8 Literaturverzeichnis

[1] Bott, H.: Allgemeine Betriebswirtschaftslehre, 3. Auflage, Band 1-3, Damm Verlag, Gelsenkirchen-Buer.

[2] Müller, R., Hopfer, R.: Turbo Pascal 6.0, Fachbuchverlag, Leipzig.

[3] Ertl, A., Machholz, R., Schallmaier, A.: Turbo Pascal 6.0-Turbo Vision, 2. Nachdruck, Addison-Wesley, München 1991.

[4] Schumann, M.: Das große Turbo Vision Buch, 1. Auflage, Data Becker, Düsseldorf 1991.

[5] Rollke, K.-H.: Das Borland Pascal 7.0 Buch, 1. Auflage, Sybexverlag, Düsseldorf 1993.

9 Quelltexte

```
program BWL_1;
{$X+}
{$M 8192,250000,655350}


uses graph,dos,crt,printer,drivers,views,objects,app,dialogs,
    xobjects,memory,oop2proc,xdialog,colorpal,menus,fhllogo;


{ Gesamtkapitalrentabilit„t }
type TDlgRec1 = record
    { Bruttogewinn }
    STR1  : string[15];
    { Gesamtkapital }
    STR12 : string[15];
    end;
var  DlgRec1 : TDlgRec1;


{ Eigenkapitalrentabilit„t }
type TDlgRec2 = record
    { Bruttogewinn }
    STR14 : string[15];
    { FK-Zinsen }
    STR18 : string[15];
    { Eigenkapital }
    STR20 : string[15];
    end;
var  DlgRec2 : TDlgRec2;


{ Optimale Bestellmenge }
type TDlgRec3 = record
    { Jahresbedarf }
    STR15 : string[15];
    { bestellfixe Kosten }
    STR19 : string[15];
    { Einstandspreis }
    STR21 : string[15];
    { Zinssatz }
    STR23 : string[15];
    { LagerKostensatz }
    STR24 : string[15];
    end;
var  DlgRec3 : TDlgRec3;


{ Einstandspreis }
type TDlgRec4 = record
    { Angebotspreis }
    STR30 : string[15];
    { Mengenrabatt }
```

```
STR31  : string[15];
{ Rabatte,Boni }
STR32  : string[15];
{ F.T.V.-Kosten }
STR33  : string[15];
{ Skonto }
STR34  : string[15];
{ int. Kosten d. WEP. }
STR35  : string[15];
{ Finanz.-Kosten }
STR36  : string[15];
{ Mindermengenzuschlag }
STR73  : string[15];
end;
var DlgRec4 : TDlgRec4;


{ Umschlagszahl }
type TDlgRec5 = record
{ Selbstkosten }
STR37  : string[15];
{ Umlaufmittelbestand }
STR38  : string[15];
end;
var DlgRec5 : TDlgRec5;


{ Umschlagszeit }
type TDlgRec6 = record
{ Umschlagszahl }
STR39  : string[15];
end;
var  DlgRec6 : TDlgRec6;


{ Vorratsintensit„t }
type TDlgRec7 = record
{ Lagervorrat (in DM) }
STR40  : string[15];
{ Produktionsmenge (in DM) }
STR41  : string[15];
end;
var DlgRec7 : TDlgRec7;


{ eff. Jahreszins I }
type TDlgRec8 = record
{ Skontosatz }
STR42  : string[15];
{ Zahlungsziel }
STR43  : string[15];
{ Skontofrist }
STR44  : string[15];
```

```pascal
end;
var DlgRec8 : TDlgRec8;


{ eff. Jahreszins II }
type TDlgRec9 = record
  { Skontosatz }
  STR45 : string[15];
  { Zahlungsziel }
  STR46 : string[15];
  { Skontofrist }
  STR47 : string[15];
end;
var DlgRec9 : TDlgRec9;


{ eff. Jahreszins III }
type TDlgRec10 = record
  { Skontosatz }
  STR48 : string[15];
  { Zahlungsziel }
  STR49 : string[15];
  { Skontofrist }
  STR50 : string[15];
end;
var DlgRec10 : TDlgRec10;


{ Nominalzins }
type TDlgRec11 = record
  { Diskontbetrag }
  STR51 : string[15];
  { Diskontspesen }
  STR52 : string[15];
  { Wechselbetrag }
  STR53 : string[15];
end;
var DlgRec11 : TDlgRec11;


{ effektiver Jahreszins }
type TDlgRec12 = record
  { Nominalzins }
  STR54 : string[15];
end;
var DlgRec12 : TDlgRec12;


{ Zahlungsbetrag nach n Jahren I }
type TDlgRec13 = record
  { jetzt f„lliger Zahlungsbetrag }
  STR55 : string[15];
  { Zinsen }
  STR56 : string[10];
```

```
{ Anzahl der Jahre }
STR57 : string[15];
end;
var DlgRec13 : TDlgRec13;


{ jetzt f„lliger Zahlungsbetrag I }
type TDlgRec14 = record
{ Zahlungsbetrag nach n Jahren }
STR58 : string[15];
{ Anzahl der Jahre }
STR60 : string[15];
{ Zinsen }
STR59 : string[10];
end;
var DlgRec14 : TDlgRec14;


{ Ratenzahlungsbetrag I }
type TDlgRec15 = record
{ jetzt f„lliger Zahlungsbetrag }
STR61 : string[15];
{ Anzahl der Jahre }
STR63 : string[15];
{ Zinsen }
STR62 : string[10];
{ Raten: }
BOX1 : word;
end;
var DlgRec15 : TDlgRec15;


{ jetzt f„lliger Zahlungsbetrag II }
type TDlgRec16 = record
{ Ratenzahlungsbetrag }
STR64 : string[15];
{ Anzahl der Jahre }
STR66 : string[15];
{ Zinsen }
STR65 : string[10];
end;
var DlgRec16 : TDlgRec16;


{ Zahlungsbetrag nach n Jahren II }
type TDlgRec17 = record
{ jetzt f„lliger Zahlungsbetrag }
STR67 : string[15];
{ Anzahl der Jahre }
STR69 : string[15];
{ Zinsen }
STR68 : string[10];
end;
```

```
var  DlgRec17 : TDlgRec17;


{ Ratenzahlungsbetrag II }
type TDlgRec18 = record
    { jetzt f„lliger Zahlungsbetrag }
    STR70  : string[15];
    { Anzahl der Jahre }
    STR72  : string[15];
    { Zinsen }
    STR71  : string[10];
    { Raten: }
    BOX2  : word;
    end;
var  DlgRec18 : TDlgRec18;
    fehler : boolean;


procedure fhl;
    var soft,autor,treiber:string;
        grafik:boolean;
    begin
        soft:='Berechnung von BWL-Formeln';
        autor:='J. Henschel          B. Jubisch';
        autor:=autor+'          Betreuer: Prof. Dr. Bormann ';
        grafik:=false;
        treiber:='';
        bild(soft,autor,grafik,treiber);
    end;


procedure drucken;
    begin
    PopUp('Ergebnisse werden gedruckt!','Drucken');
    end;


procedure string2real(var str:string;var r:real);
    var i,j,n:integer;      {Umwandlung String- in Realtyp mit Komma- und Fehlerauswertung}
        a,b:real;
    begin
    n:=0;
    writeln;
    for j:=1 to length(str) do
        begin
        val(str,r,i);
        if copy(str,i,1)=',' then begin insert('.',str,i); delete(str,i+1,1) end;
                        {Umwandlung Komma in Dezimalpunkt}
        if (i<>0) and (copy(str,i,1)<>'.') then delete(str,i,1);
                        {Fehlerbehebung im String}
        end;
        if i<>0 then fehler:=true
    end;
```

```pascal
procedure real2string(r:real;var st:string);
var   a,b,c:longint;
   st0,st1,st2:string;
begin
   if (r*100)>2147483647 then str(r,st)
   else begin
      st0:=chr(0);                 {Variablenreset}
      c:=round(r*100);             {Rundung auf 2 Stellen nach dem Komma}
      a:=trunc(c div 100);         {Zahl vor dem Komma}
      b:=c-(100*a);                {Zahl nach dem Komma}
      if (a=0) and (b<0) then st0:='-';   {negatives Vorzeichen}
      if b<0 then b:=-b;           {Umkehrung des Vorzeichens hinter dem Komma}
      str(a,st1); str(b,st2);      {Variablentypumwandlung}
      if b<10 then st2:='0'+st2;   {Zahl hinter Komma <10, Aufhebung der Nullunterdrückung}
      st:=st0+st1+'.'+st2;         {Zahl zu String zusammensetzen}
      if b=0 then st:=st0+st1      {Unterdr ckung von ".00"}
   end
end;


function rentabilitaet(i:integer):string; far;
begin
   case i of
      1 : rentabilitaet:='Gesamtkapitalrentabilit,,t';
      2 : rentabilitaet:='Eigenkapitalrentabilit,,t';
   else rentabilitaet:='';
   end;
end;


function kennzahlen(i:integer):string; far;
begin
   case i of
      1 : kennzahlen:='Umschlagszahl';
      2 : kennzahlen:='Umschlagszeit';
      3 : kennzahlen:='Vorratsintensit,,t';
   else kennzahlen:='';
   end;
end;


function zinsen(i:integer):string; far;
begin
   case i of
      1 : zinsen:='Skontoberechnung';
      2 : zinsen:='Wechselgesch,,ft';
   else zinsen:='';
   end;
end;


function skonto(i:integer):string; far;
```

```
begin
  case i of
    1 : skonto:='effektiver Jahreszins I';
    2 : skonto:='effektiver Jahreszins II';
    3 : skonto:='effektiver Jahreszins III';
    else skonto:='';
  end;
end;

function geschaeft(i:integer):string; far;
begin
  case i of
    1 : geschaeft:='Nominalzins';
    2 : geschaeft:='effektiver Jahreszins';
    else geschaeft:='';
  end;
end;

function kapitalrechnung(i:integer):string; far;
begin
  case i of
    1 : kapitalrechnung:='Zahlungsbetrag nach n Jahren I';
    2 : kapitalrechnung:='jetzt f„lliger Zahlungsbetrag I';
    3 : kapitalrechnung:='Ratenzahlungsbetrag I';
    4 : kapitalrechnung:='jetzt f„lliger Zahlungsbetrag II';
    5 : kapitalrechnung:='Zahlungsbetrag nach n Jahren II';
    6 : kapitalrechnung:='Ratenzahlungsbetrag II';
    else kapitalrechnung:='';
  end;
end;

procedure DATEI_DOSSHELL; far;
begin
  GoDos;
end;

procedure DATEI_UEBERBWL1; far;
begin
  PopUp('Software zur Berechnung betriebswirtschaftlicher Formeln .'#13+#13+
  'Erstellt von Jens Henschel und Bernd Jubisch !'#13+#13+
  ' Betreuer    : Prof. Dr. Bormann'#13+#13+
  ' Programmname : BWL_1.exe      '#13+#13+
  ' Hilfedatei  : BWL_1.hlp      '#13+#13+
  'Zeitraum    : 02. - 06. 1996 ','Programminformation');
end;

procedure RECHNEN_Gesamtkapital; far;
var    R : TRect;
       D : PDialog;
```

```
    V : PView;
   va,vb,c : real;
       erg : string;
begin
fehler:=false;
R.Assign(15,4,58,16);
D:=New(PDialog,Init(R,'Gesamtkapitalrentabilit„t'));
R.Assign(4,2,42,3);
D^.Insert(New(PStaticText,Init(R,'Bitte geben Sie folgende Werte ein!')));
R.Assign(5,5,20,7);
dlgrec1.str1:=chr(0);
D^.Insert(New(PEingabeZ,Init(R,15,'Bruttogewinn:')));
R.Assign(23,5,39,7);
dlgrec1.str12:=chr(0);
D^.Insert(New(PEingabeZ,Init(R,15,'Gesamtkapital:')));
R.Assign(8,8,21,11);
D^.Insert(New(PXButton,Init(R,'~O~k',cmOK,bfDefault)));
R.Assign(21,8,34,11);
D^.Insert(New(PXButton,Init(R,'Abbruch',cmCancel,bfNormal)));
R.Assign(12,3,31,4);
D^.Insert(New(PStaticText,Init(R,'(Wechsel mit <TAB>)')));
D^.SelectNext(false);
D^.SetData(DlgRec1);
If Desktop^.ExecView(D)<>cmCancel then begin
D^.GetData(DlgRec1);
erg:=dlgrec1.str1; string2real(erg,va); dlgrec1.str1:=erg;
erg:=dlgrec1.str12; string2real(erg,vb); dlgrec1.str12:=erg;
if fehler=true then Popup('Fehler bei der Eingabe!'+#13+#13+
   'Geben Sie bitte neu ein!','Eingabefehler') else
if vb=0 then PopUp('Division durch Null nicht gestattet!'+#13+#13+
   'Geben Sie bitte neu ein!','Eingabefehler')
   else begin
   c:=(va*100)/vb;
   real2string(c,erg);
   if YesNo('Bruttogewinn: '+dlgrec1.str1+#13+'Gesamtkapital: '+dlgrec1.str12+#13+#13+
   'Gesamtkapitalrentabilit„t: '+erg+' %'+#13+#13+'Drucken?','Ergebnis')=true
   then begin
      drucken;
      writeln(lst);
      writeln(lst,'          Bruttogewinn: '+dlgrec1.str1);
      writeln(lst,'          Gesamtkapital: '+dlgrec1.str12);
      writeln(lst);
      writeln(lst,'     Gesamtkapitalrentabilit„t: '+erg+' %');
      writeln(lst)
   end
end
end;
dispose(D,done);
end;
```

```
procedure RECHNEN_Eigenkapital; far;
var    R : TRect;
       D : PDialog;
       V : PView;
  va,vb,vc,c : real;
     erg : string;
begin
  fehler:=false;
  R.Assign(19,2,61,20);
  D:=New(PDialog,Init(R,'Eigenkapitalrentabilit,,t'));
  R.Assign(4,2,40,3);
  D^.Insert(New(PStaticText,Init(R,'Bitte geben Sie folgende Werte ein!')));
  R.Assign(13,5,28,7);
  dlgrec2.str14:=chr(0);
  D^.Insert(New(PEingabeZ,Init(R,15,'Bruttogewinn:')));
  R.Assign(13,8,28,10);
  dlgrec2.str18:=chr(0);
  D^.Insert(New(PEingabeZ,Init(R,15,'FK-Zinsen:')));
  R.Assign(13,11,28,13);
  dlgrec2.str20:=chr(0);
  D^.Insert(New(PEingabeZ,Init(R,15,'Eigenkapital:')));
  R.Assign(8,14,21,17);
  D^.Insert(New(PXButton,Init(R,'~O~k',cmOK,bfDefault)));
  R.Assign(21,14,34,17);
  D^.Insert(New(PXButton,Init(R,'Abbruch',cmCancel,bfNormal)));
  R.Assign(11,3,32,4);
  D^.Insert(New(PStaticText,Init(R,'(Wechseln mit <TAB>)')));
  R.Assign(29,9,30,10);
  D^.Insert(New(PStaticText,Init(R,'%')));
  D^.SelectNext(false);
  D^.SetData(DlgRec2);
    If Desktop^.ExecView(D)<>cmCancel then begin
      D^.GetData(DlgRec2);
      erg:=dlgrec2.str14; string2real(erg,va); dlgrec2.str14:=erg;
      erg:=dlgrec2.str18; string2real(erg,vb); dlgrec2.str18:=erg;
      erg:=dlgrec2.str20; string2real(erg,vc); dlgrec2.str20:=erg;
      if fehler=true then Popup('Fehler bei der Eingabe!'+#13+#13+
        'Geben Sie bitte neu ein!','Eingabefehler') else
      if vc=0 then PopUp('Division durch Null nicht gestattet!'+#13+#13+
        'Geben Sie bitte neu ein!','Eingabefehler')
      else begin
        c:=((va-vb/100)*100)/vc;
        real2string(c,erg);
        if YesNo('Bruttogewinn: '+dlgrec2.str14+#13+'FK-Zinsen: '+dlgrec2.str18+' %'+#13+
          'Eigenkapital: '+dlgrec2.str20+#13+#13+'Eigenkapitalrentabilit,,t: '
          +erg+' %'+#13+#13+'Drucken?','Ergebnis')=true
        then begin
          drucken;
```

```
writeln(lst);
writeln(lst,'           Bruttogewinn: '+dlgrec2.str14);
writeln(lst,'           FK-Zinsen: '+dlgrec2.str18+' %');
writeln(lst,'           Eigenkapital: '+dlgrec2.str20);
writeln(lst);
writeln(lst,'    Eigenkapitalrentabilit„t: '+erg+' %');
writeln(lst)
end
end
end;
dispose(D,done);
end;


procedure RECHNEN_OptimaleBestellmenge; far;
var        R : TRect;
           D : PDialog;
           V : PView;
va,vb,vc,vd,ve,c : real;
           erg : string;
begin
fehler:=false;
R.Assign(15,0,65,23);
D:=New(PDialog,Init(R,'Optimale Bestellmenge'));
R.Assign(7,2,42,3);
D^.Insert(New(PStaticText,Init(R,'Bitte geben Sie folgende Werte ein!')));
R.Assign(9,5,23,7);
dlgrec3.str15:=chr(0);
D^.Insert(New(PEingabeZ,Init(R,15,'Jahresbedarf:')));
R.Assign(9,8,29,10);
dlgrec3.str19:=chr(0);
D^.Insert(New(PEingabeZ,Init(R,15,'bestellfixe Kosten:')));
R.Assign(9,11,25,13);
dlgrec3.str21:=chr(0);
D^.Insert(New(PEingabeZ,Init(R,15,'Einstandspreis:')));
R.Assign(9,14,26,16);
dlgrec3.str24:=chr(0);
D^.Insert(New(PEingabeZ,Init(R,15,'Lagerkostensatz:')));
R.Assign(27,15,28,16);
D^.Insert(New(PStaticText,Init(R,'%')));
R.Assign(30,14,40,16);
dlgrec3.str23:=chr(0);
D^.Insert(New(PEingabeZ,Init(R,15,'Zinssatz:')));
R.Assign(41,15,43,16);
D^.Insert(New(PStaticText,Init(R,'%')));
R.Assign(12,18,25,21);
D^.Insert(New(PXButton,Init(R,'~O~k',cmOK,bfDefault)));
R.Assign(26,18,39,21);
D^.Insert(New(PXButton,Init(R,'Abbruch',cmCancel,bfNormal)));
R.Assign(15,3,36,4);
```

```
D^.Insert(New(PStaticText,Init(R,'(Wechseln mit <TAB>)')));
D^.SelectNext(false);
D^.SetData(DlgRec3);
If Desktop^.ExecView(D)<>cmCancel then begin
  D^.GetData(DlgRec3);
  erg:=dlgrec3.str15; string2real(erg,va); dlgrec3.str15:=erg;
  erg:=dlgrec3.str19; string2real(erg,vb); dlgrec3.str19:=erg;
  erg:=dlgrec3.str21; string2real(erg,vc); dlgrec3.str21:=erg;
  erg:=dlgrec3.str23; string2real(erg,vd); dlgrec3.str23:=erg;
  erg:=dlgrec3.str24; string2real(erg,ve); dlgrec3.str24:=erg;
  if fehler=true then Popup('Fehler bei der Eingabe!'+#13+#13+
    'Geben Sie bitte neu ein!','Eingabefehler') else
  if vc*((vd/100)+(ve/100))=0 then PopUp('Division durch Null nicht gestattet!'
  +#13+#13+'Geben Sie bitte neu ein!','Eingabefehler')
  else
    if (2*va*vb)/(vc*((vd/100)+(ve/100)))<0 then PopUp('Negativer Wert in der Wurzel nicht gestattet!'
    +#13+#13+'Geben Sie bitte neu ein!','Eingabefehler')
    else
    begin
    c:=SQRT((2*va*vb)/(vc*((vd/100)+(ve/100))));
    real2string(c,erg);
    if YesNo('Jahresbedarf: '+dlgrec3.str15+#13+'bestellfixe Kosten: '
    +dlgrec3.str19+#13+'Einstandspreis: '+dlgrec3.str21+#13+'Zinssatz: '
    +dlgrec3.str23+' %'+#13+'Lagerkostensatz: '+dlgrec3.str24+' %'+#13+#13+
    'optimale Bestellmenge: '+erg+#13+#13+'Drucken?','Ergebnis')=true
    then begin
    drucken;
    writeln(lst);
    writeln(lst,'        Jahresbedarf: '+dlgrec3.str15);
    writeln(lst,'        bestellfixe Kosten: '+dlgrec3.str19);
    writeln(lst,'        Einstandspreis: '+dlgrec3.str21);
    writeln(lst,'        Zinssatz: '+dlgrec3.str23+' %');
    writeln(lst,'        Lagerkostensatz: '+dlgrec3.str24+' %');
    writeln(lst);
    writeln(lst,'        optimale Bestellmenge: '+erg);
    writeln(lst)
    end
    end
  end;
  dispose(D,done);
end;


procedure RECHNEN_Einstandspreis; far;
var        R : TRect;
           D : PDialog;
           V : PView;
va,vb,vc,vd,ve,vf,vg,vh,c : real;
           erg : string;
begin
```

```
fehler:=false;
R.Assign(14,1,67,22);
D:=New(PDialog,Init(R,'Einstandspreis'));
R.Assign(9,2,45,3);
D^.Insert(New(PStaticText,Init(R,'Bitte geben Sie folgende Werte ein!')));
R.Assign(7,5,22,7);
dlgrec4.str30:=chr(0);
D^.Insert(New(PEingabeZ,Init(R,15,'Angebotspreis:')));
R.Assign(29,5,44,7);
dlgrec4.str31:=chr(0);
D^.Insert(New(PEingabeZ,Init(R,15,'Mengenrabatt:')));
R.Assign(45,6,46,7);
D^.Insert(New(PStaticText,Init(R,'%')));
R.Assign(7,8,22,10);
dlgrec4.str32:=chr(0);
D^.Insert(New(PEingabeZ,Init(R,15,'Rabatte,Boni:')));
R.Assign(23,9,24,10);
D^.Insert(New(PStaticText,Init(R,'%')));
R.Assign(29,8,44,10);
dlgrec4.str33:=chr(0);
D^.Insert(New(PEingabeZ,Init(R,15,'F.T.V.-Kosten:')));
R.Assign(7,11,22,13);
dlgrec4.str34:=chr(0);
D^.Insert(New(PEingabeZ,Init(R,15,'Skonto:')));
R.Assign(23,12,24,13);
D^.Insert(New(PStaticText,Init(R,'%')));
R.Assign(29,11,45,13);
dlgrec4.str35:=chr(0);
D^.Insert(New(PEingabeZ,Init(R,15,'interne Kosten:')));
R.Assign(7,14,23,16);
dlgrec4.str36:=chr(0);
D^.Insert(New(PEingabeZ,Init(R,15,'Finanz.-Kosten:')));
R.Assign(26,14,48,16);
dlgrec4.str73:=chr(0);
D^.Insert(New(PEingabeZ,Init(R,15,'Mindermengenzuschlag:')));
R.Assign(49,15,50,16);
D^.Insert(New(PStaticText,Init(R,'%')));
R.Assign(13,17,26,20);
D^.Insert(New(PXButton,Init(R,'~O~k',cmOK,bfDefault)));
R.Assign(27,17,40,20);
D^.Insert(New(PXButton,Init(R,'Abbruch',cmCancel,bfNormal)));
R.Assign(16,3,37,4);
D^.Insert(New(PStaticText,Init(R,'(Wechseln mit <TAB>)')));
D^.SelectNext(false);
D^.SetData(DlgRec4);
If Desktop^.ExecView(D)<>cmCancel then begin
  D^.GetData(DlgRec4);
  erg:=dlgrec4.str30; string2real(erg,va); dlgrec4.str30:=erg;
  erg:=dlgrec4.str31; string2real(erg,vb); dlgrec4.str31:=erg;
```

```
erg:=dlgrec4.str32; string2real(erg,vc); dlgrec4.str32:=erg;

erg:=dlgrec4.str33; string2real(erg,vd); dlgrec4.str33:=erg;

erg:=dlgrec4.str34; string2real(erg,ve); dlgrec4.str34:=erg;

erg:=dlgrec4.str35; string2real(erg,vf); dlgrec4.str35:=erg;

erg:=dlgrec4.str36; string2real(erg,vg); dlgrec4.str36:=erg;

erg:=dlgrec4.str73; string2real(erg,vh); dlgrec4.str73:=erg;

if fehler=true then Popup('Fehler bei der Eingabe!'+#13+#13+

'Geben Sie bitte neu ein!','Eingabefehler') else

begin

    c:=va-vb/100-vc/100+vd-ve/100+vf+vg+vh/100;

    real2string(c,erg);

    if YesNo('Angebotspreis: '+dlgrec4.str30+#13+'Mindermengenzuschlag: '+dlgrec4.str73+' %'+#13+'Mengenrabatt: '

    +dlgrec4.str31+' %'+#13+'sonstige Rabatte bzw. Boni: '+dlgrec4.str32+' %'+#13+'F.T.V.-Kosten : '

    +dlgrec4.str33+#13+'interne Kosten der WEP.: '+dlgrec4.str35+#13+

    'Skonto: '+dlgrec4.str34+' %'+#13+'Finanzierungskosten: '+dlgrec4.str36+#13+#13+

    'Einstandspreis: '+erg+#13+#13+' Drucken?','Ergebnis')=true

    then begin

        drucken;

        writeln(lst);

        writeln(lst,'           Angebotspreis: '+dlgrec4.str30);

        writeln(lst,'     Mindermengenzuschlag: '+dlgrec4.str73+' %');

        writeln(lst,'          Mengenrabatt: '+dlgrec4.str31+' %');

        writeln(lst,'    sonstige Rabatte u. Boni: '+dlgrec4.str32+' %');

        writeln(lst,'           F.T.V.-Kosten: '+dlgrec4.str33);

        writeln(lst,'    interne Kosten der WEP: '+dlgrec4.str35);

        writeln(lst,'              Skonto: '+dlgrec4.str34+' %');

        writeln(lst,'      Finanzierungskosten: '+dlgrec4.str36);

        writeln(lst);

        writeln(lst,'          Einstandspreis: '+erg);

        writeln(lst)

    end

    end

end;

dispose(D,done);

end;


procedure RECHNEN_Umschlagszahl; far;

var   R : TRect;

      D : PDialog;

      V : PView;

    va,vb,c : real;

      erg : string;

begin

    fehler:=false;

    R.Assign(15,5,65,17);

    D:=New(PDialog,Init(R,'Umschlagszahl'));

    R.Assign(8,2,44,3);

    D^.Insert(New(PStaticText,Init(R,'Bitte geben Sie folgende Werte ein!')));

    R.Assign(7,5,21,7);
```

```
dlgrec5.str37:=chr(0);
D^.Insert(New(PEingabeZ,Init(R,15,'Selbstkosten:')));
R.Assign(23,5,44,7);
dlgrec5.str38:=chr(0);
D^.Insert(New(PEingabeZ,Init(R,15,'Umlaufmittelbestand:')));
R.Assign(11,8,25,11);
D^.Insert(New(PXButton,Init(R,'~O~k',cmOK,bfDefault)));
R.Assign(26,8,39,11);
D^.Insert(New(PXButton,Init(R,'Abbruch',cmCancel,bfNormal)));
R.Assign(15,3,36,4);
D^.Insert(New(PStaticText,Init(R,'(Wechseln mit <TAB>)')));
D^.SelectNext(false);
D^.SetData(DlgRec5);
If Desktop^.ExecView(D)<>cmCancel then begin
  D^.GetData(DlgRec5);
  erg:=dlgrec5.str37; string2real(erg,va); dlgrec5.str37:=erg;
  erg:=dlgrec5.str38; string2real(erg,vb); dlgrec5.str38:=erg;
  if fehler=true then Popup('Fehler bei der Eingabe!'+#13+#13+
  'Geben Sie bitte neu ein!','Eingabefehler') else
  if vb=0 then PopUp('Division durch Null nicht gestattet!'+#13+#13+
  'Geben Sie bitte neu ein!','Eingabefehler')
  else begin
  c:=va/vb;
  real2string(c,erg);
  if YesNo('Selbstkosten: '+dlgrec5.str37+#13+'Umlaufmittelbestand: '
  +dlgrec5.str38+#13+#13+'Umschlagszahl: '+erg+#13+#13+'Drucken?','Ergebnis')=true
  then begin
    drucken;
    writeln(lst);
    writeln(lst,'          Selbstkosten: '+dlgrec5.str37);
    writeln(lst,'          Umlaufmittelbestand: '+dlgrec5.str38);
    writeln(lst);
    writeln(lst,'          Umschlagszahl: '+erg);
    writeln(lst)
  end
  end
end;
dispose(D,done);
end;


procedure RECHNEN_Umschlagszeit; far;
var R : TRect;
  D : PDialog;
  V : PView;
  va,c : real;
  erg : string;
begin
fehler:=false;
R.Assign(15,5,65,17);
```

```
D:=New(PDialog,Init(R,'Umschlagszeit(in Tagen)'));
R.Assign(8,2,43,3);
D^.Insert(New(PStaticText,Init(R,'Bitte geben Sie folgenden Wert ein!')));
R.Assign(17,5,32,7);
dlgrec6.str39:=chr(0);
D^.Insert(New(PEingabeZ,Init(R,15,'Umschlagszahl:')));
R.Assign(12,8,25,11);
D^.Insert(New(PXButton,Init(R,'~O~k',cmOK,bfDefault)));
R.Assign(25,8,38,11);
D^.Insert(New(PXButton,Init(R,'Abbruch',cmCancel,bfNormal)));
R.Assign(15,3,36,4);
D^.Insert(New(PStaticText,Init(R,'(Wechseln mit <TAB>)')));
D^.SelectNext(false);
D^.SetData(DlgRec6);
If Desktop^.ExecView(D)<>cmCancel then begin
  D^.GetData(DlgRec6);
  erg:=dlgrec6.str39; string2real(erg,va); dlgrec6.str39:=erg;
  if fehler=true then Popup('Fehler bei der Eingabe!'+#13+#13+
    'Geben Sie bitte neu ein!','Eingabefehler') else
  if va=0 then PopUp('Division durch Null nicht gestattet!'+#13+#13+
    'Geben Sie bitte neu ein!','Eingabefehler')
  else begin
    c:=360/va;
    real2string(c,erg);
    if YesNo('Umschlagszahl: '+dlgrec6.str39+#13+#13+'Umschlagszeit (in Tagen): '
      +erg+#13+#13+'Drucken?','Ergebnis')=true
    then begin
      drucken;
      writeln(lst);
      writeln(lst,'          Umschlagszahl: '+dlgrec6.str39);
      writeln(lst);
      writeln(lst,'          Umschlagszeit: '+erg+' Tage');
      writeln(lst)
    end
  end
end;
dispose(D,done);
end;


procedure RECHNEN_Vorratsintensitaet; far;
var   R : TRect;
      D : PDialog;
      V : PView;
va,vb,c : real;
    erg : string;
begin
fehler:=false;
R.Assign(14,4,68,17);
D:=New(PDialog,Init(R,'Vorratsintensit,,t'));
```

```
R.Assign(9,2,44,3);
D^.Insert(New(PStaticText,Init(R,'Bitte geben Sie folgende Werte ein!')));
R.Assign(4,5,23,7);
dlgrec7.str40:=chr(0);
D^.Insert(New(PEingabeZ,Init(R,15,'Lagervorrat in DM:')));
R.Assign(26,5,50,7);
dlgrec7.str41:=chr(0);
D^.Insert(New(PEingabeZ,Init(R,15,'Produktionsmenge in DM:')));
R.Assign(14,9,27,12);
D^.Insert(New(PXButton,Init(R,'~O~k',cmOK,bfDefault)));
R.Assign(28,9,41,12);
D^.Insert(New(PXButton,Init(R,'Abbruch',cmCancel,bfNormal)));
R.Assign(16,3,37,4);
D^.Insert(New(PStaticText,Init(R,'(Wechseln mit <TAB>)')));
D^.SelectNext(false);
D^.SetData(DlgRec7);
If Desktop^.ExecView(D)<>cmCancel then begin
  D^.GetData(DlgRec7);
  erg:=dlgrec7.str40; string2real(erg,va); dlgrec7.str40:=erg;
  erg:=dlgrec7.str41; string2real(erg,vb); dlgrec7.str41:=erg;
  if fehler=true then Popup('Fehler bei der Eingabe!'+#13+#13+
  'Geben Sie bitte neu ein!','Eingabefehler') else
  if vb=0 then PopUp('Division durch Null nicht gestattet!'+#13+#13+
  'Geben Sie bitte neu ein!','Eingabefehler')
  else begin
  c:=va/vb;
  real2string(c,erg);
  if YesNo('Lagervorrat in DM: '+dlgrec7.str40+#13+'Produktionsmenge in DM: '
  +dlgrec7.str41+#13+#13+'Vorratsintensit„t: '+erg+#13+#13+'Drucken?','Ergebnis')=true
  then begin
    drucken;
    writeln(lst);
    writeln(lst,'          Lagervorrat: '+dlgrec7.str40+' DM');
    writeln(lst,'          Produktionsmenge: '+dlgrec7.str41+' DM');
    writeln(lst);
    writeln(lst,'          Vorratsintensit„t: '+erg);
    writeln(lst)
  end
  end
end;
dispose(D,done);
end;


procedure RECHNEN_effJahrzinsI; far;
var    R : TRect;
       D : PDialog;
       V : PView;
va,vb,vc,c : real;
       erg : string;
```

```
begin

fehler:=false;

R.Assign(13,2,65,20);

D:=New(PDialog,Init(R,'Effektiver Jahreszins I'));

R.Assign(9,2,44,3);

D^.Insert(New(PStaticText,Init(R,'Bitte geben Sie folgende Werte ein!')));

R.Assign(9,6,24,8);

dlgrec8.str42:=chr(0);

D^.Insert(New(PEingabeZ,Init(R,15,'Skontosatz:')));

R.Assign(25,7,26,8);

D^.Insert(New(PStaticText,Init(R,'%')));

R.Assign(28,6,43,8);

dlgrec8.str43:=chr(0);

D^.Insert(New(PEingabeZ,Init(R,15,'Zahlungsziel:')));

R.Assign(9,9,24,11);

dlgrec8.str44:=chr(0);

D^.Insert(New(PEingabeZ,Init(R,15,'Skontofrist:')));

R.Assign(12,13,25,16);

D^.Insert(New(PXButton,Init(R,'~O~k',cmOK,bfDefault)));

R.Assign(27,13,40,16);

D^.Insert(New(PXButton,Init(R,'Abbruch',cmCancel,bfNormal)));

R.Assign(16,3,37,4);

D^.Insert(New(PStaticText,Init(R,'(Wechseln mit <TAB>)')));

D^.SelectNext(false);

D^.SetData(DlgRec8);

If Desktop^.ExecView(D)<>cmCancel then begin

  D^.GetData(DlgRec8);

  erg:=dlgrec8.str42; string2real(erg,va); dlgrec8.str42:=erg;

  erg:=dlgrec8.str43; string2real(erg,vb); dlgrec8.str43:=erg;

  erg:=dlgrec8.str44; string2real(erg,vc); dlgrec8.str44:=erg;

  if fehler=true then Popup('Fehler bei der Eingabe!'+#13+#13+

  'Geben Sie bitte neu ein!','Eingabefehler') else

  if (vb-vc)=0 then PopUp('Division durch Null nicht gestattet!'+#13+#13+

  'Geben Sie bitte neu ein!','Eingabefehler')

  else begin

  c:=(va*360)/(vb-vc);

  real2string(c,erg);

  if YesNo('Skontosatz: '+dlgrec8.str42+' %'+#13+'Zahlungsziel: '+dlgrec8.str43+#13+

  'Skontofrist: '+dlgrec8.str44+#13+'eff. Jahreszins I: '+erg+' %'+#13+#13+

  'Drucken?','Ergebnis')=true

  then begin

  drucken;

  writeln(lst);

  writeln(lst,'             Skontosatz: '+dlgrec8.str42+' %');

  writeln(lst,'             Zahlungsziel: '+dlgrec8.str43);

  writeln(lst,'             Skontofrist: '+dlgrec8.str44);

  writeln(lst);

  writeln(lst,'             eff. Jahreszins: '+erg+' %');

  writeln(lst)
```

```
        end
      end
   end;
   dispose(D,done);
   end;

   procedure RECHNEN_effJahrzinsII; far;
   var    R : TRect;
          D : PDialog;
          V : PView;
      va,vb,vc,c : real;
          erg : string;
   begin
   fehler:=false;
   R.Assign(13,2,65,20);
   D:=New(PDialog,Init(R,'Effektiver Jahreszins II'));
   R.Assign(9,2,44,3);
   D^.Insert(New(PStaticText,Init(R,'Bitte geben Sie folgende Werte ein!')));
   R.Assign(9,6,24,8);
   dlgrec9.str45:=chr(0);
   D^.Insert(New(PEingabeZ,Init(R,15,'Skontosatz:')));
   R.Assign(25,7,26,8);
   D^.Insert(New(PStaticText,Init(R,'%')));
   R.Assign(28,6,43,8);
   dlgrec9.str46:=chr(0);
   D^.Insert(New(PEingabeZ,Init(R,15,'Zahlungsziel:')));
   R.Assign(9,9,24,11);
   dlgrec9.str47:=chr(0);
   D^.Insert(New(PEingabeZ,Init(R,15,'Skontofrist:')));
   R.Assign(12,13,25,16);
   D^.Insert(New(PXButton,Init(R,'~O~k',cmOK,bfDefault)));
   R.Assign(27,13,40,16);
   D^.Insert(New(PXButton,Init(R,'Abbruch',cmCancel,bfNormal)));
   R.Assign(16,3,37,4);
   D^.Insert(New(PStaticText,Init(R,'(Wechseln mit <TAB>)')));
   D^.SelectNext(false);
   D^.SetData(DlgRec9);
   If Desktop^.ExecView(D)<>cmCancel then begin
     D^.GetData(DlgRec9);
     erg:=dlgrec9.str45; string2real(erg,va); dlgrec9.str45:=erg;
     erg:=dlgrec9.str46; string2real(erg,vb); dlgrec9.str46:=erg;
     erg:=dlgrec9.str47; string2real(erg,vc); dlgrec9.str47:=erg;
     if fehler=true then Popup('Fehler bei der Eingabe!'+#13+#13+
       'Geben Sie bitte neu ein!','Eingabefehler') else
     if (1-va/100)*(vb-vc)=0 then PopUp('Division durch Null nicht gestattet!'+#13+#13+
       'Geben Sie bitte neu ein!','Eingabefehler')
       else begin
       c:=(((va/100)*360)/((1-va/100)*(vb-vc)))*100;
       real2string(c,erg);
```

```
if YesNo('Skontosatz: '+dlgrec9.str45+' %'+#13+'Zahlungsziel: '+dlgrec9.str46+#13+
  'Skontofrist: '+dlgrec9.str47+#13+#13+'eff. Jahreszins II: '+erg+' %'+#13+#13+
  'Drucken?','Ergebnis')=true
then begin
  drucken;
  writeln(lst);
  writeln(lst,'          Skontosatz: '+dlgrec9.str45+' %');
  writeln(lst,'          Zahlungsziel: '+dlgrec9.str46);
  writeln(lst,'          Skontofrist: '+dlgrec9.str47);
  writeln(lst);
  writeln(lst,'          eff. Jahreszins: '+erg+' %');
  writeln(lst)
  end
end
end;
dispose(D,done);
end;


procedure RECHNEN_effJahrzinsIII; far;
var    R : TRect;
       D : PDialog;
       V : PView;
    va,vb,vc,c : real;
       erg : string;
begin
fehler:=false;
R.Assign(13,2,65,20);
D:=New(PDialog,Init(R,'Effektiver Jahreszins III'));
R.Assign(9,2,44,3);
D^.Insert(New(PStaticText,Init(R,'Bitte geben Sie folgende Werte ein!')));
R.Assign(9,6,24,8);
dlgrec10.str48:=chr(0);
D^.Insert(New(PEingabeZ,Init(R,15,'Skontosatz:')));
R.Assign(25,7,26,8);
D^.Insert(New(PStaticText,Init(R,'%')));
R.Assign(28,6,43,8);
dlgrec10.str49:=chr(0);
D^.Insert(New(PEingabeZ,Init(R,15,'Zahlungsziel:')));
R.Assign(9,9,24,11);
dlgrec10.str50:=chr(0);
D^.Insert(New(PEingabeZ,Init(R,15,'Skontofrist:')));
R.Assign(12,13,25,16);
D^.Insert(New(PXButton,Init(R,'~O~k',cmOK,bfDefault)));
R.Assign(27,13,40,16);
D^.Insert(New(PXButton,Init(R,'Abbruch',cmCancel,bfNormal)));
R.Assign(16,3,37,4);
D^.Insert(New(PStaticText,Init(R,'(Wechseln mit <TAB>)')));
D^.SelectNext(false);
D^.SetData(DlgRec10);
```

```
If Desktop^.ExecView(D)<>cmCancel then begin
  D^.GetData(DlgRec10);
  erg:=dlgrec10.str48; string2real(erg,va); dlgrec10.str48:=erg;
  erg:=dlgrec10.str49; string2real(erg,vb); dlgrec10.str49:=erg;
  erg:=dlgrec10.str50; string2real(erg,vc); dlgrec10.str50:=erg;
  if fehler=true then Popup('Fehler bei der Eingabe!'+#13+#13+
  'Geben Sie bitte neu ein!','Eingabefehler') else
  if ((1-va/100)=0) or (vb-vc=0) then
    PopUp('Division durch Null nicht gestattet!'+#13+#13+
    'Geben Sie bitte neu ein!','Eingabefehler')
    else begin
    c:=((EXP((360/(vb-vc))*ln(1+((va/100)/(1-va/100)))))-1)*100;
    real2string(c,erg);
    if YesNo('Skontosatz: '+dlgrec10.str48+' %'+#13+'Zahlungsziel: '+dlgrec10.str49+#13+
    'Skontofrist: '+dlgrec10.str50+#13+#13+'eff. Jahreszins III: '+erg+' %'+#13+#13+
    'Drucken?','Ergebnis')=true
    then begin
      drucken;
      writeln(lst);
      writeln(lst,'          Skontosatz: '+dlgrec10.str48+' %');
      writeln(lst,'          Zahlungsziel: '+dlgrec10.str49);
      writeln(lst,'          Skontofrist: '+dlgrec10.str50);
      writeln(lst);
      writeln(lst,'          eff. Jahreszins: '+erg+' %');
      writeln(lst)
    end
  end
end;
dispose(D,done);
end;


procedure RECHNEN_Nominalzins; far;
var    R : TRect;
       D : PDialog;
       V : PView;
va,vb,vc,c : real;
     erg : string;
begin
fehler:=false;
R.Assign(17,3,61,20);
D:=New(PDialog,Init(R,'Nominalzins'));
R.Assign(4,2,39,3);
D^.Insert(New(PStaticText,Init(R,'Bitte geben Sie folgende Werte ein!')));
R.Assign(5,5,20,7);
dlgrec11.str51:=chr(0);
D^.Insert(New(PEingabeZ,Init(R,15,'Diskontbetrag:')));
R.Assign(23,5,38,7);
dlgrec11.str52:=chr(0);
D^.Insert(New(PEingabeZ,Init(R,15,'Diskontspesen:')));
```

43

```
R.Assign(5,8,20,10);
dlgrec11.str53:=chr(0);
D^.Insert(New(PEingabeZ,Init(R,15,'Wechselbetrag:')));
R.Assign(9,12,22,15);
D^.Insert(New(PXButton,Init(R,'~O~k',cmOK,bfDefault)));
R.Assign(22,12,35,15);
D^.Insert(New(PXButton,Init(R,'Abbruch',cmCancel,bfNormal)));
R.Assign(11,3,32,4);
D^.Insert(New(PStaticText,Init(R,'(Wechseln mit <TAB>)')));
D^.SelectNext(false);
D^.SetData(DlgRec11);
If Desktop^.ExecView(D)<>cmCancel then begin
  D^.GetData(DlgRec11);
  erg:=dlgrec11.str51; string2real(erg,va); dlgrec11.str51:=erg;
  erg:=dlgrec11.str52; string2real(erg,vb); dlgrec11.str52:=erg;
  erg:=dlgrec11.str53; string2real(erg,vc); dlgrec11.str53:=erg;
  if fehler=true then Popup('Fehler bei der Eingabe!'+#13+#13+
    'Geben Sie bitte neu ein!','Eingabefehler') else
  if vc-(va+vb)=0 then PopUp('Division durch Null nicht gestattet!'+#13+#13+
    'Geben Sie bitte neu ein!','Eingabefehler')
  else begin
    c:=((va+vb)*365)/((vc-(va+vb))*90);
    real2string(c,erg);
    if YesNo('Diskontbetrag: '+dlgrec11.str51+#13+'Diskontspesen: '+dlgrec11.str52+#13+
      'Wechselbetrag: '+dlgrec11.str53+#13+#13+'Nominalzins: '+erg+' %'+#13+#13+
      'Drucken?','Ergebnis')=true
    then begin
      drucken;
      writeln(lst);
      writeln(lst,'          Diskontbetrag: '+dlgrec11.str51);
      writeln(lst,'          Diskontspesen: '+dlgrec11.str52);
      writeln(lst,'          Wechselbetrag: '+dlgrec11.str53);
      writeln(lst);
      writeln(lst,'          Nominalzins: '+erg+' %');
      writeln(lst)
    end
  end
end;
dispose(D,done);
end;


procedure RECHNEN_EffektiverJahreszins; far;
var R : TRect;
  D : PDialog;
  V : PView;
  va,c : real;
  erg : string;
begin
  fehler:=false;
```

```
R.Assign(18,4,61,16);
D:=New(PDialog,Init(R,'effektiver Jahreszins'));
R.Assign(4,2,39,3);
D^.Insert(New(PStaticText,Init(R,'Bitte geben Sie folgenden Wert ein!')));
R.Assign(12,3,32,4);
D^.Insert(New(PStaticText,Init(R,'(Wechseln mit <TAB>)')));
R.Assign(14,5,29,7);
dlgrec12.str54:=chr(0);
D^.Insert(New(PEingabeZ,Init(R,15,'Nominalzins:')));
R.Assign(30,6,31,7);
D^.Insert(New(PStaticText,Init(R,'%')));
R.Assign(8,8,21,11);
D^.Insert(New(PXButton,Init(R,'~O~k',cmOK,bfDefault)));
R.Assign(22,8,35,11);
D^.Insert(New(PXButton,Init(R,'Abbruch',cmCancel,bfNormal)));
D^.SelectNext(false);
D^.SetData(DlgRec12);
If Desktop^.ExecView(D)<>cmCancel then begin
   D^.GetData(DlgRec12);
   erg:=dlgrec12.str54; string2real(erg,va); dlgrec12.str54:=erg;
   if fehler=true then Popup('Fehler bei der Eingabe!'+#13+#13+
    'Geben Sie bitte neu ein!','Eingabefehler') else
   begin
   c:=((EXP(4*ln(1+va/400)))-1)*100;
   real2string(c,erg);
   if YesNo('Nominalzins: '+dlgrec12.str54+' %'+#13+#13+'eff. Jahreszins: '+erg+' %'+#13+#13+
    'Drucken?','Ergebnis')=true
      then begin
      drucken;
      writeln(lst);
      writeln(lst,'          Nominalzins: '+dlgrec12.str54+' %');
      writeln(lst);
      writeln(lst,'          eff. Jahreszins: '+erg+' %');
      writeln(lst)
      end
   end
end;
dispose(D,done);
end;


procedure RECHNEN_Einmalzahlung_nach_n_JahrenI; far;
var    R : TRect;
       D : PDialog;
       V : PView;
    va,vb,vc,c : real;
       erg : string;
begin
fehler:=false;
R.Assign(18,3,65,19);
```

```pascal
D:=New(PDialog,Init(R,'Zahlungsbetrag nach n Jahren'));
R.Assign(6,1,41,2);
D^.Insert(New(PStaticText,Init(R,'(aus jetzt f„lligem Zahlungsbetrag)')));
R.Assign(6,3,41,4);
D^.Insert(New(PStaticText,Init(R,'Bitte geben Sie folgende Werte ein!')));
R.Assign(13,4,33,5);
D^.Insert(New(PStaticText,Init(R,'(Wechseln mit <TAB>)')));
R.Assign(6,6,28,8);
dlgrec13.str55:=chr(0);
D^.Insert(New(PEingabeZ,Init(R,15,'Zahlungsbetrag jetzt:')));
R.Assign(30,6,40,8);
dlgrec13.str56:=chr(0);
D^.Insert(New(PEingabeZ,Init(R,10,'Zinssatz:')));
R.Assign(41,7,42,8);
D^.Insert(New(PStaticText,Init(R,'%')));
R.Assign(6,9,24,11);
dlgrec13.str57:=chr(0);
D^.Insert(New(PEingabeZ,Init(R,15,'Anzahl der Jahre:')));
R.Assign(10,12,23,15);
D^.Insert(New(PXButton,Init(R,'~O~k',cmOK,bfDefault)));
R.Assign(24,12,37,15);
D^.Insert(New(PXButton,Init(R,'Abbruch',cmCancel,bfNormal)));
D^.SelectNext(false);
D^.SetData(DlgRec13);
If Desktop^.ExecView(D)<>cmCancel then begin
  D^.GetData(DlgRec13);
  erg:=dlgrec13.str55; string2real(erg,va); dlgrec13.str55:=erg;
  erg:=dlgrec13.str56; string2real(erg,vb); dlgrec13.str56:=erg;
  erg:=dlgrec13.str57; string2real(erg,vc); dlgrec13.str57:=erg;
  if fehler=true then Popup('Fehler bei der Eingabe!'+#13+#13+
  'Geben Sie bitte neu ein!','Eingabefehler') else
  begin
  c:=va*(EXP(vc*ln(1+vb/100)));
  real2string(c,erg);
  if YesNo('jetzt f„lliger Zahlungsbetrag: '+dlgrec13.str55+#13+'Zinssatz: '+dlgrec13.str56+' %'+#13+
  'Jahresanzahl: '+dlgrec13.str57+#13+#13+'Zahlungsbetrag nach n Jahren: '+erg+#13+#13+
  'Drucken?','Ergebnis')=true
  then begin
    drucken;
    writeln(lst);
    writeln(lst,'   jetzt f„lliger Zahlungsbetrag: '+dlgrec13.str55);
    writeln(lst,'                    Zinssatz: '+dlgrec13.str56+' %');
    writeln(lst,'                    Jahresanzahl: '+dlgrec13.str57);
    writeln(lst);
    writeln(lst,'   Zahlungsbetrag nach n Jahren: '+erg);
    writeln(lst)
  end
  end
end;
```

```
dispose(D,done);
end;


procedure RECHNEN_Einmalzahlung_jetztI; far;
var     R : TRect;
        D : PDialog;
        V : PView;
    va,vb,vc,c : real;
        erg : string;
begin
fehler:=false;
R.Assign(18,3,65,19);
D:=New(PDialog,Init(R,'jetzt f„lliger Zahlungsbetrag'));
R.Assign(6,1,40,2);
D^.Insert(New(PStaticText,Init(R,'(aus Zahlungsbetrag nach n Jahren)')));
R.Assign(6,3,41,4);
D^.Insert(New(PStaticText,Init(R,'Bitte geben Sie folgende Werte ein!')));
R.Assign(13,4,33,5);
D^.Insert(New(PStaticText,Init(R,'(Wechseln mit <TAB>)')));
R.Assign(6,6,36,8);
dlgrec14.str58:=chr(0);
D^.Insert(New(PEingabeZ,Init(R,15,'Zahlungsbetrag nach n Jahren:')));
R.Assign(6,9,24,11);
dlgrec14.str60:=chr(0);
D^.Insert(New(PEingabeZ,Init(R,15,'Anzahl der Jahre:')));
R.Assign(30,9,40,11);
dlgrec14.str59:=chr(0);
D^.Insert(New(PEingabeZ,Init(R,10,'Zinssatz:')));
R.Assign(41,10,42,11);
D^.Insert(New(PStaticText,Init(R,'%')));
R.Assign(10,12,23,15);
D^.Insert(New(PXButton,Init(R,'~O~k',cmOK,bfDefault)));
R.Assign(24,12,37,15);
D^.Insert(New(PXButton,Init(R,'Abbruch',cmCancel,bfNormal)));
D^.SelectNext(false);
D^.SetData(DlgRec14);
If Desktop^.ExecView(D)<>cmCancel then begin
  D^.GetData(DlgRec14);
  erg:=dlgrec14.str58; string2real(erg,va); dlgrec14.str58:=erg;
  erg:=dlgrec14.str59; string2real(erg,vb); dlgrec14.str59:=erg;
  erg:=dlgrec14.str60; string2real(erg,vc); dlgrec14.str60:=erg;
  if fehler=true then Popup('Fehler bei der Eingabe!'+#13+#13+
    'Geben Sie bitte neu ein!','Eingabefehler') else
  begin
  c:=va*(EXP((-vc)*ln(1+vb/100)));
  real2string(c,erg);
  if YesNo('Zahlungsbetrag nach n Jahren: '+dlgrec14.str58+#13+'Zinssatz: '+dlgrec14.str59+' %'+#13+
    'Jahresanzahl: '+dlgrec14.str60+#13+#13+'jetzt f„lliger Zahlungsbetrag: '+erg+#13+#13+
    'Drucken?','Ergebnis')=true
```

```
then begin

  drucken;

  writeln(lst);

  writeln(lst,'     Zahlungsbetrag nach n Jahren: '+dlgrec14.str58);

  writeln(lst,'            Zinssatz: '+dlgrec14.str59+' %');

  writeln(lst,'            Jahresanzahl: '+dlgrec14.str60);

  writeln(lst);

  writeln(lst,'     jetzt f„lliger Zahlungbetrag: '+erg);

  writeln(lst)

  end

  end

end;

dispose(D,done);

end;


procedure RECHNEN_RatenzahlungI; far;

var    R : TRect;

       D : PDialog;

       V : PView;

   va,vb,vc,c,n : real;

   erg,rate : string;

begin

fehler:=false; n:=0; rate:=chr(0);

R.Assign(18,1,65,21);

D:=New(PDialog,Init(R,'Ratenzahlungsbetrag'));

R.Assign(6,1,41,2);

D^.Insert(New(PStaticText,Init(R,'(aus jetzt f„lligem Zahlungsbetrag)')));

R.Assign(6,3,41,4);

D^.Insert(New(PStaticText,Init(R,'Bitte geben Sie folgende Werte ein!')));

R.Assign(13,4,33,5);

D^.Insert(New(PStaticText,Init(R,'(Wechseln mit <TAB>)')));

R.Assign(6,6,37,8);

dlgrec15.str61:=chr(0);

D^.Insert(New(PEingabeZ,Init(R,15,'jetzt f„lliger Zahlungsbetrag:')));

R.Assign(6,9,24,11);

dlgrec15.str63:=chr(0);

D^.Insert(New(PEingabeZ,Init(R,15,'Anzahl der Jahre:')));

R.Assign(30,9,40,11);

dlgrec15.str62:=chr(0);

D^.Insert(New(PEingabeZ,Init(R,10,'Zinssatz:')));

R.Assign(41,10,42,11);

D^.Insert(New(PStaticText,Init(R,'%')));

R.Assign(13,13,33,15);

V:=New(PRadiobuttons,Init(R,

   NewSItem('Jahresrate',

   NewSItem('Monatsrate',

   nil))));

D^.Insert(V);

R.Assign(13,12,33,13);
```

48

```pascal
D^.Insert(New(PLabel,Init(R,'Auswahl:',V)));
R.Assign(10,16,23,19);
D^.Insert(New(PXButton,Init(R,'~O~k',cmOK,bfDefault)));
R.Assign(24,16,37,19);
D^.Insert(New(PXButton,Init(R,'Abbruch',cmCancel,bfNormal)));
D^.SelectNext(false);
D^.SetData(DlgRec15);
If Desktop^.ExecView(D)<>cmCancel then begin
  D^.GetData(DlgRec15);
  erg:=dlgrec15.str61; string2real(erg,va); dlgrec15.str61:=erg;
  erg:=dlgrec15.str62; string2real(erg,vb); dlgrec15.str62:=erg;
  erg:=dlgrec15.str63; string2real(erg,vc); dlgrec15.str63:=erg;
  if dlgrec15.box1=1 then begin n:=12; rate:='Monatsrate:' end
    else begin n:=1; rate:='Jahresrate:' end;
  if fehler=true then Popup('Fehler bei der Eingabe!'+#13+#13+
   'Geben Sie bitte neu ein!','Eingabefehler') else
  if (EXP(vc*ln(1+vb/100)))-1=0 then
   PopUp('Division durch Null nicht gestattet!'+#13+#13+
   'Geben Sie bitte neu ein!','Eingabefehler')
  else begin
  c:=(va*(((vb/100)*(EXP(vc*ln(1+vb/100))))/((EXP(vc*ln(1+vb/100)))-1)))/n;
  real2string(c,erg);
  if YesNo('jetzt f,,lliger Zahlungsbetrag: '+dlgrec15.str61+#13+'Zinssatz: '+dlgrec15.str62+'%'+#13+
   'Jahresanzahl: '+dlgrec15.str63+#13+#13+rate+erg+#13+#13+
   'Drucken?','Ergebnis')=true
    then begin
      drucken;
      writeln(lst);
      writeln(lst,'    jetzt f,,lliger Zahlungsbetrag: '+dlgrec15.str61);
      writeln(lst,'          Zinssatz: '+dlgrec15.str62+' %');
      writeln(lst,'          Jahresanzahl: '+dlgrec15.str63);
      writeln(lst);
      writeln(lst,'           '+rate+erg);
      writeln(lst)
    end
  end
end;
dispose(D,done);
end;


procedure RECHNEN_Einmalzahlung_jetztII; far;
var    R : TRect;
       D : PDialog;
       V : PView;
va,vb,vc,c : real;
    erg : string;
begin
fehler:=false;
R.Assign(18,3,65,19);
```

```
D:=New(PDialog,Init(R,'jetzt f„lliger Zahlungsbetrag'));

R.Assign(6,1,41,2);

D^.Insert(New(PStaticText,Init(R,'(aus k   nftigem Ratenzahlungsbetrag)')));

R.Assign(6,3,41,4);

D^.Insert(New(PStaticText,Init(R,'Bitte geben Sie folgende Werte ein!')));

R.Assign(13,4,33,5);

D^.Insert(New(PStaticText,Init(R,'(Wechseln mit <TAB>)')));

R.Assign(6,6,27,8);

dlgrec16.str64:=chr(0);

D^.Insert(New(PEingabeZ,Init(R,15,'Ratenzahlungsbetrag:')));

R.Assign(6,9,24,11);

dlgrec16.str66:=chr(0);

D^.Insert(New(PEingabeZ,Init(R,15,'Anzahl der Jahre:')));

R.Assign(30,9,40,11);

dlgrec16.str65:=chr(0);

D^.Insert(New(PEingabeZ,Init(R,10,'Zinssatz:')));

R.Assign(41,10,42,11);

D^.Insert(New(PStaticText,Init(R,'%')));

R.Assign(10,12,23,15);

D^.Insert(New(PXButton,Init(R,'~O~k',cmOK,bfDefault)));

R.Assign(24,12,37,15);

D^.Insert(New(PXButton,Init(R,'Abbruch',cmCancel,bfNormal)));

D^.SelectNext(false);

D^.SetData(DlgRec16);

If Desktop^.ExecView(D)<>cmCancel then begin

  D^.GetData(DlgRec16);

  erg:=dlgrec16.str64; string2real(erg,va); dlgrec16.str64:=erg;

  erg:=dlgrec16.str65; string2real(erg,vb); dlgrec16.str65:=erg;

  erg:=dlgrec16.str66; string2real(erg,vc); dlgrec16.str66:=erg;

  if fehler=true then Popup('Fehler bei der Eingabe!'+#13+#13+

  'Geben Sie bitte neu ein!','Eingabefehler') else

  if ((vb/100)*(EXP(vc*ln(1+vb/100))))=0 then

  PopUp('Division durch Null nicht gestattet!'+#13+#13+

  'Geben Sie bitte neu ein!','Eingabefehler')

  else begin

  c:=va*(((EXP(vc*ln(1+vb/100)))-1)/((vb/100)*(EXP(vc*ln(1+vb/100)))));

  real2string(c,erg);

  if YesNo('Ratenzahlungsbetrag: '+dlgrec16.str64+#13+'Zinssatz: '+dlgrec16.str65+' %'+#13+

  'Jahresanzahl: '+dlgrec16.str66+#13+#13+'jetzt f„llige Einmalzahlung: '+erg+#13+#13+

  'Drucken?','Ergebnis')=true

  then begin

  drucken;

  writeln(lst);

  writeln(lst,'       Ratenzahlungsbetrag: '+dlgrec16.str64);

  writeln(lst,'             Zinssatz: '+dlgrec16.str65+' %');

  writeln(lst,'           Jahresanzahl: '+dlgrec16.str66);

  writeln(lst);

  writeln(lst,'   jetzt f„lliger Zahlungsbetrag: '+erg);

  writeln(lst)
```

```
       end
     end
   end;
   dispose(D,done);
end;


procedure RECHNEN_Einmalzahlung_nach_n_JahrenII; far;
var    R : TRect;
       D : PDialog;
       V : PView;
   va,vb,vc,c : real;
       erg : string;
begin
fehler:=false;
R.Assign(18,3,65,19);
D:=New(PDialog,Init(R,'Zahlungsbetrag nach n Jahren'));
R.Assign(11,1,37,2);
D^.Insert(New(PStaticText,Init(R,'(aus Ratenzahlungsbetrag)')));
R.Assign(6,3,41,4);
D^.Insert(New(PStaticText,Init(R,'Bitte geben Sie folgende Werte ein!')));
R.Assign(13,4,33,5);
D^.Insert(New(PStaticText,Init(R,'(Wechseln mit <TAB>)')));
R.Assign(6,6,27,8);
dlgrec17.str67:=chr(0);
D^.Insert(New(PEingabeZ,Init(R,15,'Ratenzahlungsbetrag:')));
R.Assign(6,9,24,11);
dlgrec17.str69:=chr(0);
D^.Insert(New(PEingabeZ,Init(R,15,'Anzahl der Jahre:')));
R.Assign(30,9,40,11);
dlgrec17.str68:=chr(0);
D^.Insert(New(PEingabeZ,Init(R,10,'Zinssatz:')));
R.Assign(41,10,42,11);
D^.Insert(New(PStaticText,Init(R,'%')));
R.Assign(10,12,23,15);
D^.Insert(New(PXButton,Init(R,'~O~k',cmOK,bfDefault)));
R.Assign(24,12,37,15);
D^.Insert(New(PXButton,Init(R,'Abbruch',cmCancel,bfNormal)));
D^.SelectNext(false);
D^.SetData(DlgRec17);
If Desktop^.ExecView(D)<>cmCancel then begin
   D^.GetData(DlgRec17);
   erg:=dlgrec17.str67; string2real(erg,va); dlgrec17.str67:=erg;
   erg:=dlgrec17.str68; string2real(erg,vb); dlgrec17.str68:=erg;
   erg:=dlgrec17.str69; string2real(erg,vc); dlgrec17.str69:=erg;
   if fehler=true then Popup('Fehler bei der Eingabe!'+#13+#13+
     'Geben Sie bitte neu ein!','Eingabefehler') else
   if vb/100=0 then
     PopUp('Division durch Null nicht gestattet!'+#13+#13+
     'Geben Sie bitte neu ein!','Eingabefehler')
```

```
else begin
c:=va*(((EXP(vc*ln(1+vb/100)))-1)/(vb/100));
real2string(c,erg);
if YesNo('Ratenzahlungsbetrag: '+dlgrec17.str67+#13+'Zinssatz: '+dlgrec17.str68+' %'+#13+
  'Jahresanzahl: '+dlgrec17.str69+#13+#13+'Einmalzahlung nach n Jahren: '+erg+#13+#13+
  'Drucken?','Ergebnis')=true
  then begin
    drucken;
    writeln(lst);
    writeln(lst,'          Ratenzahlungsbetrag: '+dlgrec17.str67);
    writeln(lst,'              Zinssatz: '+dlgrec17.str68+' %');
    writeln(lst,'              Jahresanzahl: '+dlgrec17.str69);
    writeln(lst);
    writeln(lst,'      Zahlungsbetrag nach n Jahren: '+erg);
    writeln(lst)
  end
end
end;
dispose(D,done);
end;


procedure RECHNEN_RatenzahlungII; far;
var    R : TRect;
       D : PDialog;
       V : PView;
va,vb,vc,c,n : real;
  erg,rate : string;
begin
fehler:=false; n:=0; rate:=chr(0);
R.Assign(18,1,65,21);
D:=New(PDialog,Init(R,'Ratenzahlungsbetrag'));
R.Assign(7,1,41,2);
D^.Insert(New(PStaticText,Init(R,'(aus Zahlungsbetrag nach n Jahren)')));
R.Assign(6,3,41,4);
D^.Insert(New(PStaticText,Init(R,'Bitte geben Sie folgende Werte ein!')));
R.Assign(13,4,33,5);
D^.Insert(New(PStaticText,Init(R,'(Wechseln mit <TAB>)')));
R.Assign(6,6,36,8);
dlgrec18.str70:=chr(0);
D^.Insert(New(PEingabeZ,Init(R,15,'Zahlungsbetrag nach n Jahren:')));
R.Assign(6,9,24,11);
dlgrec18.str72:=chr(0);
D^.Insert(New(PEingabeZ,Init(R,15,'Anzahl der Jahre:')));
R.Assign(30,9,40,11);
dlgrec18.str71:=chr(0);
D^.Insert(New(PEingabeZ,Init(R,10,'Zinssatz:')));
R.Assign(41,10,42,11);
D^.Insert(New(PStaticText,Init(R,'%')));
R.Assign(13,13,33,15);
```

```
V:=New(PRadiobuttons,Init(R,
  NewSItem('Jahresrate',
  NewSItem('Monatsrate',
  nil))));
D^.Insert(V);
R.Assign(13,12,33,13);
D^.Insert(New(PLabel,Init(R,'Auswahl:',V)));
R.Assign(10,16,23,19);
D^.Insert(New(PXButton,Init(R,'~O~k',cmOK,bfDefault)));
R.Assign(24,16,37,19);
D^.Insert(New(PXButton,Init(R,'Abbruch',cmCancel,bfNormal)));
D^.SelectNext(false);
D^.SetData(DlgRec18);
If Desktop^.ExecView(D)<>cmCancel then begin
  D^.GetData(DlgRec18);
  erg:=dlgrec18.str70; string2real(erg,va); dlgrec18.str70:=erg;
  erg:=dlgrec18.str71; string2real(erg,vb); dlgrec18.str71:=erg;
  erg:=dlgrec18.str72; string2real(erg,vc); dlgrec18.str72:=erg;
  if dlgrec18.box2=1 then begin n:=12; rate:='Monatsrate:' end
    else begin n:=1; rate:='Jahresrate:' end;
  if fehler=true then Popup('Fehler bei der Eingabe!'+#13+#13+
    'Geben Sie bitte neu ein!','Eingabefehler') else
  if (EXP(vc*ln(1+vb/100)))-1=0 then
    PopUp('Division durch Null nicht gestattet!'+#13+#13+
    'Geben Sie bitte neu ein!','Eingabefehler')
  else begin
    c:=(va*((vb/100)/((EXP(vc*ln(1+vb/100)))-1)))/n;
    real2string(c,erg);
    if YesNo('Geldbetrag nach n Jahren: '+dlgrec18.str70+#13+'Zinssatz: '+dlgrec18.str71+' %'+#13+
    'Jahresanzahl: '+dlgrec18.str72+#13+#13+rate+erg+#13+#13+
    'Drucken?','Ergebnis')=true
    then begin
      drucken;
      writeln(lst);
      writeln(lst,'    Zahlungsbetrag nach n Jahren: '+dlgrec18.str70);
      writeln(lst,'                Zinssatz: '+dlgrec18.str71+' %');
      writeln(lst,'            Jahresanzahl: '+dlgrec18.str72);
      writeln(lst);
      writeln(lst,'                    '+rate+erg);
      writeln(lst)
    end
  end
end;
dispose(D,done);
end;


procedure anleitung; far;
var R : TRect;
  D : PDialog;
```

```
V : PView;

begin

R.Assign(0,0,80,23);

D:=New(PDialog,Init(R,'Bedienungsanleitung'));

R.Assign(23,3,58,4);

D^.Insert(New(PStaticText,Init(R,'Zusammenfassende Tastenabk    rzungen')));

R.Assign(23,4,58,5);

D^.Insert(New(PStaticText,Init(R,'_____')));

R.Assign(5,8,20,9);

D^.Insert(New(PStaticText,Init(R,'[Alt-D]...Datei')));

R.Assign(6,10,24,11);

D^.Insert(New(PStaticText,Init(R,'[B]...   ber BWL_1')));

R.Assign(6,11,21,12);

D^.Insert(New(PStaticText,Init(R,'[S]...DOS-Shell')));

R.Assign(6,12,22,13);

D^.Insert(New(PStaticText,Init(R,'[E]...Ende BWL_1')));

R.Assign(27,8,44,9);

D^.Insert(New(PStaticText,Init(R,'[Alt-R]...Rechnen')));

R.Assign(28,10,46,11);

D^.Insert(New(PStaticText,Init(R,'[K]...Kapitalrent.')));

R.Assign(28,11,48,12);

D^.Insert(New(PStaticText,Init(R,'[O]...opt. Bestellm.')));

R.Assign(28,12,48,13);

D^.Insert(New(PStaticText,Init(R,'[E]...Einstandspreis')));

R.Assign(28,13,48,14);

D^.Insert(New(PStaticText,Init(R,'[W]...lagerw. Kennz.')));

R.Assign(28,14,46,15);

D^.Insert(New(PStaticText,Init(R,'[Z]...Zinsberechn.')));

R.Assign(28,15,50,16);

D^.Insert(New(PStaticText,Init(R,'[P]...Kapitalberechn.')));

R.Assign(55,14,72,15);

D^.Insert(New(PStaticText,Init(R,'[Alt-F]...Farben')));

R.Assign(55,8,70,9);

D^.Insert(New(PStaticText,Init(R,'[Alt-H]...Hilfe')));

R.Assign(56,10,77,11);

D^.Insert(New(PStaticText,Init(R,'[D]...Bedienungsanl.')));

R.Assign(55,15,69,16);

D^.Insert(New(PStaticText,Init(R,'[Alt-E]...Ende')));

R.Assign(35,19,48,22);

D^.Insert(New(PXButton,Init(R,'~O~k',cmOK,bfDefault)));

D^.SelectNext(false);

Desktop^.ExecView(D);

dispose(D,done);

end;


procedure Kapitalrentabilitaet; far;

var i:integer;

begin

i:=Listbox('','Kapitalrentabilit„t','W„hlen Sie aus:',rentabilitaet);
```

```
case i of
  1 : RECHNEN_Gesamtkapital;
  2 : RECHNEN_Eigenkapital;
  end;
end;


procedure LWKennzahlen; far;
var i:integer;
begin
i:=Listbox('Lagerwirtschaftliche Kennzahlen:','Kennzahlen','W„hlen Sie aus:',kennzahlen);
case i of
  1 : RECHNEN_Umschlagszahl;
  2 : RECHNEN_Umschlagszeit;
  3 : RECHNEN_Vorratsintensitaet;
  end;
end;


procedure Skontoberechnung; far;
var i:integer;
begin
i:=Listbox('','Skontoberechnung','W„hlen Sie aus:',skonto);
case i of
  1 : RECHNEN_effJahrzinsI;
  2 : RECHNEN_effJahrzinsII;
  3 : RECHNEN_effJahrzinsIII;
  end;
end;


procedure Wechselgeschaeft; far;
var i:integer;
begin
i:=Listbox('','Wechselgesch„ft','W„hlen Sie aus:',geschaeft);
case i of
  1 : RECHNEN_Nominalzins;
  2 : RECHNEN_EffektiverJahreszins;
  end;
end;


procedure Zinsberechnung; far;
var i:integer;
begin
i:=Listbox('','Zinsberechnung','W„hlen Sie aus:',zinsen);
case i of
  1 : Skontoberechnung;
  2 : Wechselgeschaeft;
  end;
end;


procedure Kapitalberechnung; far;
```

```pascal
var i:integer;
begin
i:=Listbox(",'Kapitalberechnung','W,,hlen Sie aus:',kapitalrechnung);
   case i of
      1 : RECHNEN_Einmalzahlung_nach_n_JahrenI;
      2 : RECHNEN_Einmalzahlung_jetztI;
      3 : RECHNEN_RatenzahlungI;
      4 : RECHNEN_Einmalzahlung_jetztII;
      5 : RECHNEN_Einmalzahlung_nach_n_JahrenII;
      6 : RECHNEN_RatenzahlungII;
   end;
end;


procedure FARBEN_FARBPALETTE; far;
begin
ChangePalette(FarbPalette,ShowMarkers);
DoneMemory;
InitMemory;
Userprog.Redraw;
end;


begin { Hauptprogramm }
fhl;
cleardevice;
closegraph;
AddMenu('~D~atei');
AddMenuItem('  ~b~er BWL_1',",kbNoKey,DATEI_UEBERBWL1);
AddMenuLine;
AddMenuItem('DOS-~S~hell',",kbNoKey,DATEI_DOSSHELL);
AddMenuItem('~E~nde BWL_1','Alt-X',kbAltX,Quit);
AddMenu('~R~echnen');
AddMenuItem('~K~apitalrentabilit,,t',",kbNoKey,Kapitalrentabilitaet);
AddMenuItem('~O~ptimale Bestellmenge',",kbNoKey,RECHNEN_OptimaleBestellmenge);
AddMenuItem('~E~instandspreis',",kbNoKey,RECHNEN_Einstandspreis);
AddMenuItem('Lager~w~irtschaftliche Kennzahlen',",kbNoKey,LWKennzahlen);
AddMenuItem('~Z~insberechnung',",kbNoKey,Zinsberechnung);
AddMenuItem('Ka~p~italberechnung',",kbNoKey,Kapitalberechnung);
AddItem('~F~arben',FARBEN_FARBPALETTE);
AddMenu('~H~ilfe');
AddMenuItem('Be~d~ienungsanleitung',",kbNoKey,anleitung);
AddItem('~E~nde',Quit);
AddStatus('~F10~ Men  ',kbF10,MainMenu);
AddStatus('~F1~ Hilfe',kbF1,Help);
AddStatus('~Alt-X~ Ende',kbAltX,Quit);
DefineHelpFile('BWL_1.hlp');
StartProgram;
clrscr;
end.{ Hauptprogramm }
```

www.ingramcontent.com/pod-product-compliance
Lightning Source LLC
La Vergne TN
LVHW092353060326
832902LV00008B/1012